阅读成就思想……

Read to Achieve

卓越教练技术系列

高绩效工作教练与辅导

优化个人和组织绩效的刻意练习

第2版
(Second Edition)

Coaching and Mentoring at Work
Developing Effective Practice

[英] 玛丽·康纳(Mary Connor)
茱莉亚·波克拉(Julia Pokora)◎著
张建民 张玉珍 黄秀芳◎译
黄学焦◎审译

中国人民大学出版社
·北京·

图书在版编目（CIP）数据

高绩效工作教练与辅导 ： 优化个人和组织绩效的刻意练习 ： 第2版 / （英）玛丽·康纳（Mary Connor），（英）茱莉亚·波克拉（Julia Pokora）著 ； 张建民，张玉珍，黄秀芳译. -- 北京 ： 中国人民大学出版社，2020.2

书名原文：Coaching and Mentoring at Work: Developing Effective Practice second Edition

ISBN 978-7-300-27673-1

Ⅰ. ①高… Ⅱ. ①玛… ②茱… ③张… ④张… ⑤黄… Ⅲ. ①工作－效率－通俗读物 Ⅳ. ①C935-49

中国版本图书馆CIP数据核字(2019)第256502号

高绩效工作教练与辅导：优化个人和组织绩效的刻意练习（第2版）

［英］玛丽·康纳（Mary Connor）
　　　茱莉亚·波克拉（Julia Pokora）著

张建民　张玉珍　黄秀芳　译

黄学焦　审译

Gaojixiao Gongzuo Jiaolian yu Fudao: Youhua Geren he Zuzhi Jixiao de Keyi Lianxi（Di 2 Ban）

出版发行	中国人民大学出版社		
社　　址	北京中关村大街 31 号	**邮政编码**	100080
电　　话	010-62511242（总编室）		010-62511770（质管部）
	010-82501766（邮购部）		010-62514148（门市部）
	010-62515195（发行公司）		010-62515275（盗版举报）
网　　址	http：//www.crup.com.cn		
经　　销	新华书店		
印　　刷	天津中印联印务有限公司		
规　　格	170mm×230mm　16 开本	**版　次**	2020 年 2 月第 1 版
印　　张	15.5　插页 1	**印　次**	2020 年 2 月第 1 次印刷
字　　数	240 000	**定　价**	75.00 元

卓越教练技术系列丛书序

教练技术是双方在建立一种相互信任的伙伴关系下，通过对话的方式，发掘客户的潜力，从而实现客户的目标和梦想的过程。为了厘清教练的作用，我经常用培训与之做比较。培训是做增量的，传递的是一种新的知识或信息，例如，你现在的知识或能力是 100 分，那么通过培训可以将你的知识和能力提升到 150 分；而教练是做存量开发的，你虽然有了 100 分，但在现实工作中仅仅发挥出 30 分，这时你就会感到“生不逢时”或“怀才不遇”，教练关注的是如何把剩余的 70 分发挥出来。教练不仅关注“知”，更关注“行”，让客户做到真正的“知行合一”。

对个人发展而言，教练技术的内涵已经不仅仅停留在一般的技术层面，也就是具体解决问题和改善能力或流程的层面，而且能够让人上升到更高的思想意识和信仰追求的境界，对生命及其所在的系统甚至宇宙具有更广泛和更深入的理解。如果把一个组织或团队看成一个像人一样的有机体，那教练技术在团队或组织中的应用，就不仅涉及组织或团队的内在流程和关系，还与这个有机体要传递的文化和在社会上的定位与贡献息息相关。因此，虽然教练技术出现和发展的历史并不长，但却很快成为每一家优秀的企业挖掘员工、团队和组织潜力，提升绩效的有力武器。据 ICF 2009 年统计：在企业中，个人教练的投资回报率是 300% ~ 400%，而团队教练的投资回报率竟然达到惊人的 600% ~700%。另外，根据接受教练指导的员工们反馈，下属与直接上司之间的关系改善了 77%，下属与次上级之间的关系改善了 71%，团队合作增进了 67%。

2003 年，我第一次接触到教练技术的课程，有幸成为国内第一批系统学习教练技术的先行者，当时的我深深被其针对愿景而不是问题，面向未来而不是过去的魅力所感召，后于 2007 年成立埃里克森（北京）管理顾问有限公司，把埃里克森教练体系引进国内，成为国内较早的培养 ICF 认证教练的机构。2017 年，我又成立了加瓦（北京）教育科技有限公司，引进了更多的国际品牌，同时大力推广教练技术商业化、本土化、社会化的工作，让更多的组织、团队和个人受益。在十几年学习和推广教练技术的过程中，我一方面为每一位学习和应用教练的学员及客户相互陪伴、克服障碍、实现目标乃至绽放生命的成长过程欢欣鼓舞，另一方面也对各家企业领导者们的顾虑和烦恼有了更深刻的理解。他们花巨资给一些高管配置教练，希望能够通过高管的改变让企业更良性地发展，但事与愿违，不少高管教练项目最终仅达到了帮助个人成长的目的，却没有实现更大范围的组织绩效。

在这种形势下，企业呼唤传统教练突破原先更为擅长的一对一教练模式，呼唤在更大的范围内影响团队绩效和员工发展的教练模式，呼唤能够和组织文化相结合、结合各种人才发展技术、对组织变革和发展更有系统影响力的教练模式。于是，大家已经熟悉的企业培训师、咨询师、引导师、催化师等既有交叉又有自己鲜明特点的团队教练模式应运而生，并相互结合应用，迅速在国外的企业中得到实施和推广。限于国内教练技术发展的滞后性，虽然国内引进的教练书籍很多，但还没有权威的有关团队教练、辅导和督导的书籍，更缺乏在真实团队中进行这种不同类型、不同阶段的教练实践经验总结。

为了填补国内教练技术在这些领域内的空白，2015 年初，我与原书英文版权方麦格劳－希尔教育集团的范颖、王维女士，以及中国人民大学出版社的王立军先生一同商讨，引进一系列这方面的相关书籍。几方一拍即合，决定引进翻译四本教练精品著作，其中包括在国际团队教练领域颇有建树的霍金斯教授的两本姊妹篇《高绩效团队教练》（理论篇）和（实战篇）、《高绩效工作教练与辅导》和《教练与督导最佳指南》（书名暂定），这也就是我们策划的卓越教练技术系列丛书。霍金斯的两本团队教练书籍已经面世，好评如潮。与此同时，我们还先后邀请了霍金斯教授及其合作伙伴、英国高管教练学院的约翰院长来国内讲授系统性团队教练这门课程，已经轮流在北京和上海开办了九期课程，客户与团队都反映自己收益颇丰。这从另一个方面说明，我们选择的这几本书籍极大地满足了国内教练行业对落地性和实战性的需求。

这本《高绩效工作教练与辅导》和待出版的《教练与督导最佳指南》等书籍，探讨的都是当今国际教练领域的前沿课题。《卓越教练技术系列丛书》涉及的这几个方面，既各有侧重又可互相协同，一起为企业和教练界提供支持。所以，本丛书对每一位团队领导和管理者、企业内外部教练、人力资源从业者和从事团队变革和发展工作的各类专业人士，尤其是各领域的资深人士，都有极高的参考和使用价值。

教练技术及相关知识在国内应用的最大瓶颈在于，如何把来自西方的理论和实践，灵活地应用到国内具体的管理工作中去，也就是本土化的问题。正是把这些书籍中的理论和模型用于国内的众多企业并取得了令客户十分满意的成效，我们获得美国《培训》杂志 2017 年度 TOP125 最佳创新奖和 2019 年度 BEST50 服务商奖。我相信，在当今世界经济局势风云变幻，企业内外部环境面临巨大挑战的时代，本丛书的出版，一定能够为国内的团队决策者们和众多团队教练们面对的种种困境，提供解决问题、提升绩效的强有力工具和方法，增进团队的利益相关者的理解和支持，提升团队成员的向心力和凝聚力，最终促进各类企业和组织在 VUCA 时代管理效能的提升和健康发展。

在此系列丛书的翻译出版过程中，各位译者辛勤努力、一丝不苟，我的助理孙云星女士为此做了大量协调工作，中国人民大学出版社的多位编辑也投入了很多心血，在此一并表示衷心的感谢。

黄学焦

加瓦（北京）教育科技有限公司董事长

埃里克森（北京）管理顾问有限公司董事长

国际教练联合会（ICF）北京分会前会长

引 言

20 多年来，我们一直在从事教练、辅导和督导工作，无论是在非正式场合还是正式场合。

我们在英国各地设计并实施了教练技术和辅导技术的培训。我们撰写此书，主要是为了解决工作中对我们来说似乎很重要的教练技术和辅导技术方面的问题。来自同事和项目参与者的反馈是，他们希望有一本书，能够涵盖从培训项目中萃取出来的经验，可以在他们回到工作岗位、努力成为高效的教练和导师时给予他们支持。这也是我们撰写本书的一个原因。

同时，我们也想写一本可以被客户阅读的书，在其中阐述教练技术和辅导技术中伙伴关系的本质。目前大部分文献和培训项目只关注了这种伙伴关系的一方。因此，本书是为另一方——客户——而写的，帮助他们理解教练技术和辅导技术的精髓。

此外，我们也想发出自己的声音。我们注意到，关于教练技术和辅导技术一直有一种争论，在日常工作中，我们发现两者有很多共同点。通过与公共部门和私营部门的同行谈话，我们发现两者虽然名称不同，但实际工作却有相当一部分重叠。因此，本书致力于明确两者的共同点，并试图阐释高效教练技术和辅导技术背后的关键原则。

撰写此书的另一个原因是回答常见问题。我们想为工作繁忙的人写一本书，里面有丰富的实例和练习，以及很多可以直接用于生活和工作的方法。一些章节讨论了客户、教练或导师经常谈到的话题。第 11 章回答了常见问题。

任何尝试过成为教练或导师的人都非常清楚这项工作的挑战性。看起来这项工作简单直接：提出建议助人自助，而不是直接告诉或建议他们怎么做。然而，这可能是一项艰苦的工作，而且肯定不是普通的工作。花几分钟时间，听一听来自你周围的工作场合的一些谈话，你就会明白我们的意思。然而，当我们接受了来自朋友、同事和专业人士的高效能的教练和辅导后，情况就大不一样了。因此，我们希望此书可以帮助读者发展技能，使其有所不同。

我们希望在一个新兴职业当中维持高标准。以前的教练技术和辅导技术的服务中普遍存在的偶然性，正在受到当前对能力、伦理和专业实践的关注的挑战。本书致力于建立日常实践和持续的专业发展之间的联系。

我们都曾受益于优秀的导师和教练，有正式的，也有不太正式的；一部分具备资质，另一些则没有。我们希望在本书中，分享一些他们的智慧，这些智慧“只可意会，不可言传”。要抓住智慧的核心绝非易事，但是在这些教练和导师身上，在某个瞬间以及在很多的辅导过程中，我们体验到了一种完整和深刻的统一，他们确实改变了我们生活的方方面面。

本书的结构

第一部分主要讲述工作中高效的教练技术和辅导技术。在第 1 章中，我们定义了职场教练技术和辅导技术，以及高效实践背后的关键性原则，在这个版本中，我们增加了对教练和导师所用的某些方法的细致描述，以及对我们自身实践产生的影响的讨论。在第 2 章和第 3 章中，我们重点讨论了教练和辅导关系，以及读者如何才能成为一名高效能的教练、导师或客户。

第二部分讨论了教练和导师的发展。本版新增内容强调了在培训、认证和形成职业网络的过程中进行反思性实践和督导的重要性。在第 4 章中，我们讨论了教练和导师的发展，反思性实践和督导。第 5 章是一个互动案例研究，探讨反思性实践的各个方面和需要督导的问题。在国际协会及其认证和认证程序的帮助下，教练技术和辅导技术正在变得更加专业。第 6 章描述了培训和认证的作用，概括了一些职业能力框架。

第三部分探讨并演示了使用模型的可行性，讨论了 12 种经过实践检验的工具与技术。在这一版中，我们重新编写并更新了关于熟练助手模型的两章内容。在第 7

章中，我们详细讨论了这个模型。根据反馈，如果使用得当，该模型可以为教练和辅导过程提供一个非常有价值的框架。教练和导师们喜欢它，是因为它的框架和技巧可以被迁移到工作和生活的任何方面；客户喜欢它，是因为他们可以独立使用该模型；我们喜欢它，是因为该模型包含了许多教练技术和辅导技术的实用方法。在第 8 章中，我们将通过一个邀请你担任教练的交互式案例，展示如何在实践中使用该模型。该案例说明了学习关系的发展过程以及应用该框架的各个阶段和关键技巧。第 9 章展示了一些支持教练技术和辅导技术的有用工具和技术，并且逐一讨论了它们的优缺点。

第四部分讨论了在实践中发展教练技术和辅导技术的一些重要问题。第 10 章探讨了伦理问题。第 11 章回答了 10 个培训教练和导师常见的问题。在第 12 章中，五位参与者描述了他们自己在教练和辅导过程中经历的文化变革。我们回顾了自第一版以来的发展，整合了一些关键问题，用于评估你的组织内部的教练和辅导技术文化。

本书所用案例说明

我们努力使本书尽可能具有实操性，所以你会发现里面涉及了大量案例，其中包括许多互动案例。保密性是教练技术和辅导技术的关键，因此，书中所有案例都是经过改编的，不涉及客户的真实信息。

目 录

PART 3 模型、工具和技术

PART 4 教练技术和辅导技术实践

第一部分

高效教练和辅导

第1章　什么是职场高效教练和辅导

此书的写作目的是剖析教练技术和辅导技术的本质，为读者赋能——不论读者是教练、导师还是客户，也不论教练和辅导的正式程度如何。

有越来越多的全职专业教练和导师为人们提供服务。此外，许多经理人和专业人士在各自的组织或专业范围内也在进行教练和辅导，他们当中有许多人甚至将此项技能运用于领导或管理个人与团队。此书适用于这些职业教练或导师，也适用于那些初步涉足教练和辅导技术的人们，对想在该领域有更深造诣的人来说，同样值得一读。同时，此书还适用于：

- 已经是教练或导师的人；
- 想成为教练或导师的人；
- 正在寻求教练或导师帮助的人；
- 在工作中运用教练或辅导技术的人；
- 参与教练或辅导项目的人；
- 培训或督导教练或导师的人；
- 在组织内或专业领域范围内推行教练或辅导技术或评估其效果的人；
- 将教练或辅导技术视为领导力、管理或业务发展的一部分的人。
- 本书采用“客户”一词指代教练或辅导的对象，也可以称之为“被辅导者”或“同事”。

关于教练和辅导的区别与相似性的问题，文献中一直存在大量争论。显然，同样的行为，在一个组织里被称为“辅导”，在另一个组织里就可能被当作“教练”。近来，我们认识到这两个术语的使用是存在广泛不同的，但我们关注的是教练技术和辅导技术的共同点，这也正是本书讨论的重点。

教练或导师给予的帮助究竟是什么？教练或辅导技术并不是直接教育你、告知你，给你建议或指令——但无论它们是什么，我们对它们都是有需求的，这从近年来大量增加的关于教练技术或辅导技术的文章、期刊、培训课程及相关兴趣团体中不难看出。

我们将教练和辅导定义为一种学习关系，这种关系可以帮助人们对自我发展负责，释放潜能并达成有价值的成果。我们认为这种学习关系（而不仅仅是一系列的行为或技能）是教练或辅导的核心。通过这种关系，客户得以成长和改变；与此同时，教练或导师也能够从中收获成长和变化。

我们要帮助客户对自我发展负责。教练关系或辅导关系有助于客户洞察、学习与改变。通过这种关系，客户的潜能得以发现、可能性变为现实、切实的结果得以达成。教练或辅导可以帮助一个人将现在看作通往未来的跳板，并对他们的发展产生战略意义。

不论客户是带着工作中的具体问题还是一个长期的职业生涯发展问题来寻求帮助，教练或导师都会引导客户自我发现、确定目标并在其实现目标过程中提供支持。

高效实践的九个关键原则

高效的教练或辅导应遵循九个关键原则（如图 1–1 所示）。这些原则来源于实践，为我们的教练与辅导提供信息与指导。在此，我们先做简要介绍，然后在后续章节中再逐一深入讨论并进行案例分析和交互练习。

学习关系是变化的核心

客户通过与教练和导师之间的学习关系来学习与发展，这是核心原则。教练与辅导并不仅仅是一种互动或者一个机会，而是双方通过会谈，分享知识、价值观、态度、技能与经验，并相互交流，相互联系。如果教练和辅导是有效的，他们之间便建立起一种“联结”。在建立并维持这种联结的过程中，对话很重要。在对话中，双方分享彼此的观点，倾听、理解，对新观点保持开放心态，共同为对话过程及结果负责。对话维持着这种联结，因此，这种学习关系是一种伙伴关系，而不是一个人强加给另一个人的某种行为。

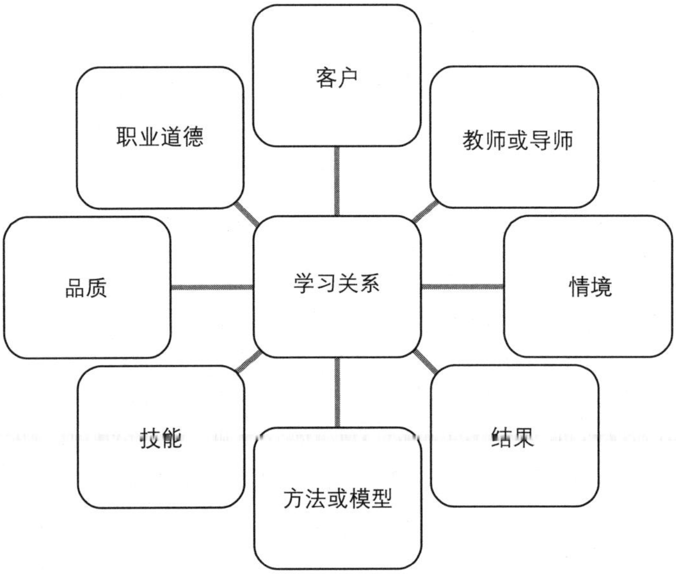

1. 学习关系是变化的核心
2. 客户制定日程安排并且拥有资源
3. 教练或导师引导学习与发展
4. 情境指不同的工作场合
5. 结果是指变化与行动
6. 方法或模型提供动力与方向
7. 技能发展洞察力、释放潜能、产生结果
8. 教练或导师的品质能够保障、支持客户
9. 职业道德保障并加强教练与辅导的效果

图 1–1　高效实践的九个关键原则

客户制定日程安排并且拥有资源

学习关系的核心是客户及客户的日程安排。对客户来说，居于学习关系的中心地位并成为关注的焦点，是一件既富有挑战又让人备受鼓舞的事情。有些客户会比较犹豫，有些则会比较热切。当被问及时，他们可能对制定自己的日程安排并没有多少兴趣或信心。有些客户有清晰的目标，而另一些则只有一些模糊的想法。在所有这些情形中，高效的教练或导师的出发点就是和客户一起努力找到他们真正想要达成的目标。这个过程是促进客户学习和发展的第一步，可能比较简单，但也可能是教练和辅导关系中要求最高的部分之一。然而，除非客户自愿成为学习关系中的

伙伴并且目的明确，否则这种关系不会成功。

在明确了日程安排后，教练或导师的任务就是帮助客户明确并运用内外部资源去改变和发展。教练或导师要确保客户具有足够的支持资源并且要把这种信心传递给客户，这是教练或导师很重要的工作。如果客户看起来缺乏能量、目标、观点、方向或有创意的备选方案的话，教练或导师应向他们传递希望和可能性并且与其一起把这些希望和可能性变成现实。教练或导师要让客户在信心动摇时仍能感知到他们的信任，从而继续采取行动。

教练或导师引导学习与发展

教练或导师都只是引导者，而不是施令发号者。他们支持并激励客户学习发展。客户通过获取新意识、新洞察、技能、观点和知识进行学习。发展则涉及将这种学习融入日常工作与生活。在这个过程中，教练或导师通过提问来激发客户产生新观点，从而发生改变，这一点很重要。

高效的教练或导师要对学习关系和过程进行反思回顾，而不是将其视作理所当然。客户可能会被问到什么可能促进他们的学习与发展，高效的教练或导师会找到适合客户的学习方法，帮助客户明确自己如何才能学得最好，以及如何让教练或辅导对自己发挥作用。

最后，高效的教练或导师应该明白两次教练或辅导会面之间所发生的事情的重要性，他们知道教练或辅导会面应当是学习与行动的催化剂，而不是替代品。

情境指不同的工作场合

尽管此原则同样适用于团队教练技术，但本书讨论的职场教练技术或辅导技术关注的是与单个客户的学习关系。这些客户或是想要或需要在短期内改进工作绩效，或是关注更加宽泛的个人、专业和职业发展问题。短期与长期问题是相互关联的，高效的教练或导师应将客户作为一个完整的个体放在职场背景下进行评价。教练或辅导的焦点在于客户当下及未来的体验、问题、计划与发展。当优势和资源与发展领域之间取得平衡时，教练或辅导的效果最佳。

高效的教练或导师能够充分了解职场环境，能够促进对问题的探索，并意识到工作场所的机会和资源是因人而异的。

教练和辅导不是职业赞助，也不是咨询或治疗。高效的教练或导师与客户都认同他们之间的合作是有边界的，边界之外还有其他资源与系统。

结果是指变化与行动

通过促使客户产生改变，教练和辅导可能产生有价值的结果——客户得到了他们真正想要的东西，工作或职业发展出现了积极的变化。这种变化的重要性可以根据客户的日程安排和目标来进行衡量。对一位客户来说，可能只是态度上的一个微小变化；对另一位客户来说，却可能是获得了工作上的重大提升。顿悟和理解对于教练和辅导过程是至关重要的，正是它们促使客户产生了变化。当然，变化是很困难的，总是会引起人们的抵触，这是他们面对困难时的正常反应。抵触可以被看作教练或辅导的过程已经步入正轨的信号——对话正触及客户的重要问题。高效的教练和导师会利用而不是试图打消客户的这种抵触，他们会通过这种抵触来帮助客户明确自己的价值观及目标，探索哪些因素能够促进他们产生变化，哪些则会阻碍他们。

方法或模型提供动力与方向

如果教练和辅导是关于改变的，那么所采用的方法或模型就为教练或导师和客户提供了路线图。虽然它并不能完全描绘路途的地形地貌，却能提供参考点和方向，在一方或双方进展不顺或迷失方向时提供帮助。但如果对客户有利，那任何方法、模型或框架都可以不涉及，甚至搁置——方法或模型不应当限制对景色的探索。

技能发展洞察力、释放潜能、产生结果

高效的教练或导师能够恰当地运用技巧来发展客户的洞察力并释放其潜能。他们善于在学习关系中综合运用不同技巧，而不仅仅是某一套模型与客户交流信念与价值观。这样做可以确保支持与挑战、反思与行动的平衡。高效的教练或导师会运用一整套工具和技巧，来支持客户的学习与发展。

教练或导师的品质能够保障、支持客户

教练或导师独特的风格、个性、价值观和经验是作为“自我”的东西来分享的。同时，如果教练或导师与客户真正“合拍”的话，会感受到深深的联结。虽然这种联结触摸不到，但却强烈地存在着，而且能够有效激发客户的自我认知、希望、勇气与行动。

高效的教练与导师不仅聪明而且富有智慧。他们有智慧对学习关系中的所见、所闻、所感做出深刻判断；他们将关爱、重视、尊重与共情传递给客户；他们亲自示范怎样做到既人性化又有专业高度。这不是能刻意教授的，而往往是客户通过“感悟”得到的。不仅仅是“向”教练或导师学习，而且是“与”他们一起并“通过”他们来进行的。学习是“通过”教练或导师来进行的，这一点常常被忽略，但却或许是最强大的学习方式。

职业道德保障并加强教练与辅导的效果

我们应该根据伦理准则来保障客户的权益。这些准则包括：尊重客户的自主性、信守承诺、以对客户有利的方式行事、不伤害、公平行事。遵循这些原则，教练和辅导关系就是开放的、透明的。这不仅可以确保双方的利益，还能提高合作的质量。高效的教练和辅导始于对结果的明确期待和工作协议，过程中不断进行回顾反思，最后以富有成果的结尾结束。实践中的法律要求和职业操守构成了教练和导师的职业道德准则。在协定好的界限内进行工作能够使客户有安全感，尤其是涉及保密性问题或出现利益冲突时。

不同情境下的教练与辅导

自开始撰写本书第一版以来，大量证据表明教练技术和辅导技术正在组织里“扎根”。组织文化正在改变，高层领导越来越不依赖外部教练来帮助团队和部门变革。越来越多的人期望所有经理人和领导能运用教练技术鼓励组织内部的学习与发展，从而提高生产率。教练技术已开始与评估、工作计划、绩效审查同步使用。经验表明，帮助人们“恍然大悟”的积极方法，远比专注于纠正表现缺陷的指导方法

更有帮助。罗杰斯这样说道："通过聚焦学习，教练和客户协同工作，能够提高并维持生活和工作中的效率。教练的唯一目标就是和客户一起发掘客户的全部潜能——这些潜能由客户本人定义。"教练技术的运用给出了一个强烈信号，那就是最成功的领导者往往是那些经常与教练合作并从中受益的人。与此同时，辅导技术也得到了发展，这个概念不同于"赞助"，"赞助"是指权力和影响力只服务于某些人而非所有人，而辅导技术是一个更加宽泛的概念，指交流经验、资源、知识和信息。麦金森等人在2006年强调了两种截然不同的辅导模式：赞助模式与发展模式。赞助模式是指导师在职业或专业领域有绝对优势，可以帮助客户。但是现在的趋势已经不再如此，取而代之的是一种更加发展式的辅导方式，导师可能比较有经验但不一定很资深，他们的目标是引导学习而不是成为提供答案的专家。

辅导技术可以被用来支持新入职员工的发展或作为组织内部发现不同层级人才并留住人才的一种手段。导师可以是组织内部或专业领域里比较有经验的人，也可以不是。他们经常通过导师网络或项目志愿提供服务。这种辅导既可以是短期的也可以是长期的，可能涉及个人、专业或职业发展等领域。当组织内部出现就职或职位变迁，尤其是升职或降职时宜采用辅导技术。在一些辅导项目中，客户在一段时间里接受辅导的次数是有限的。而在另一些组织内，导师会在很长一段时间里持续提供辅导。这种辅导可能结构化程度不高，也不太正式，但是很受重视。帕斯洛和雷在2008年认为"导师的辅导是一个支持学习与发展，从而使个人、团队或公司的绩效得以改进的过程；导师的辅导通常被理解为一种特殊的关系，其中目标、承诺、诚实、信任及保密都是至关重要的"。

我们发现教练技术与辅导技术在含义上有重叠部分，宙斯和斯基芬顿发现并总结了这些相似性，如表1–1所示。教练和辅导都是基于对基本价值观和信仰的假设：人是有能力改变的；他们能做出最佳选择；帮助并不是权宜之计——它是一段旅程，学习的过程和所获得的知识与技能同样重要。在宙斯和斯基芬顿看来，教练和辅导本质上是一场对话，学习是通过问一系列正确的问题而不是提供答案产生的，并且引起了个人及专业能力的升级和改造。

表 1–1　　　　　　　　教练技术与辅导技术的相似性

- 都需要良好的人际关系技巧
- 都需要通过听说技能去建立信任、支持承诺、产生新行动
- 都缩短了学习曲线
- 都致力于改善个人表现，提高工作效率
- 都鼓励个人拓展能力，并在其动摇或迷茫时提供支持
- 都提供支持而不推卸责任
- 都需要有一定程度的结构性知识
- 都注重学习与发展，以提高技能与能力
- 都激励个人成长，发展新的专业能力
- 都提供职业指导，帮助人们审视职业目标，明确价值观、愿景与职业优势
- 都是行为榜样

英国特许人事发展协会（CIPD）在 2010 年曾试图区分教练技术和辅导技术，但最终承认两者使用的是相同的技能与模型。CIPD 注意到教练过程通常周期更短，关注改进绩效的技能与知识，最终与组织目标的实现有关。而辅导过程可能时间更长，发展范畴更宽，传统上辅导过程是由一个有经验的人帮助一个资历较浅、经验不足的同事。表 1–2 是 CIPD 提出的教练技术和辅导技术之间的一些区别。

表 1–2　　　　　　　　教练技术与辅导技术的区别

教练技术	辅导技术
• 教练关系通常有固定期限	• 辅导关系可能持续很长一段时间
• 本质上更加结构化 • 定期安排会面	• 相对非正式 • 在客户需要建议、指导和支持时安排会面
• 短期（通常受时间限制）; • 关注具体的发展领域与问题	• 周期更长 • 更加全面地看待一个人
• 教练通常不必有客户的正式职业角色的直接经验，除非传授的是具体技能	• 导师通常比客户更有经验、工作能力更强，通常是一个组织中的资深人士，能传递知识、经验并提供难得的机会
• 关注发展 / 职场问题	• 关注职业及个人发展
• 日程安排关注的是达成当前具体的任务	• 客户设定日程安排，导师提供支持与指导，让客户为未来角色做好准备
• 教练活动围绕具体的发展领域 / 问题	• 辅导活动更多关注客户的专业发展

我们可以这样理解两者之间的区别：教练是短期的、关注绩效，而辅导通常周期较长，关注职业与专业发展。然而，我们应该意识到，在现实生活中，具体的绩效改善问题与更宽泛的专业发展问题经常是密不可分、互相联系的。在对职场中的教练与辅导讨论的过程中，我们考虑了不同的观点。我们已在这个领域工作了相当长的时间，形成了如下的观点：

- 在实践中，教练与辅导工作常常是重叠的；
- 术语命名经常是根据情境而不是根据行为——比如，在商业领域被称为“教练”的行为可能在卫生、教育及公共部门中被称为“辅导”；
- 教练和辅导都涉及知识与技能的传递，而这种传递都应当以引导式不是指令性的方式来进行；
- 我们对教练与辅导的定义及高效实践的九个原则对两种行为都适用。

对我们实践的影响

我们发现，我们为客户带来的最重要的东西就是我们自己。在这一节中，我们将讨论有重大影响并且已经融入我们的工作方式中的一些方法。在正式与非正式的教练或辅导活动中，我们作为客户或帮助者已经体验过这些方法。

对我们的工作有重大影响的是人本主义的方法，特别是罗杰斯的工作。罗杰斯强调了帮助者和客户之间心理“接触”的重要性，尤其强调了尊重、共情和真诚等核心条件。人本主义或以人为中心的方法描述了人们在适当条件下成长和发展、发挥潜力和自我实现的内在积极倾向。马斯洛在 1970 年的研究强调了核心条件的重要性。他发现，除非接纳、尊重和信任这些基本需求得到满足，否则更高层次的成就和自我实现的需要是不太可能实现的。许多后来的研究证实了核心条件的重要性，并发现帮助者与客户之间的积极关系是产生积极结果的先决条件之一。

有趣的是，现在很少有教练和导师认同罗杰斯的观点，即核心条件对于变化的发生是充分且必要的，尽管他们中的许多人都将核心条件作为构建自己独特方法的重要基石。这导致人们低估了这种学习关系的重要性，但令人欣慰的是，近来有迹象表明这种低估正在逐步改善。

以人为本的方法重视双方之间的关系与联结，重视人们内在的成长能力，这些正是我们所看重的。在我们的工作中，我们一次又一次体会到和客户充分沟通和倾听所产生的巨大力量，并通过这样做帮助他们获取发展所需的全部资源。

人本主义方法具有的非指导性，可能会被错误地认为“什么事也干不成”。在工作环境中，人们重视的是绩效与结果，所以“能达成点什么”的方法听起来更加鼓舞人心，似乎具有更高的表面效度及认可度。在这种情况下，“教练”一词在商业领域里是否会具有更高的认可度呢？因为“教练”比“导师”更加重视绩效表现。

在积极心理学领域，我们可以发现类似观点，即人们天生就有自我成长的趋向，并且有条件做到这一点，强调客户可以通过发挥优势、利用资源条件来增强幸福感。作为教练和导师，我们认为我们的工作是发展性的而不是补救性的。当遇到工作出现问题的客户时，这一点尤其重要。这些接受教练或辅导的客户可能是“被安排来的”，因为他们被认为绩效低下；也可能是自己主动前来的，因为他们认为自己在组织内部不受重视。积极心理学鼓励客户发现并运用自身优势去达成目标。它不应该被误解为会误导客户，使他们盲目乐观，认为一切皆好，天下太平。相反，通过有意识的干预，它能够帮助客户寻找资源，从而增加生活的满足感。我们发现这种干预在帮助客户获得资源和创造力时特别有用——当他们遇到问题时，当他们感觉缺乏创造力或资源时，一个简单的提示，例如，“你该如何在这种情况下利用你的优势？”可能就足以促使客户思考并行动。

类似地，欣赏性提问强调帮助客户领会什么是成功及自身有哪些优势。它采用了一些关于现有优势和积极面的具体问题，并被证实很有用。简短的或以解决方案为重点的治疗也采用了一些类似的方法，强调探索客户的首选未来，并确定这个未来已经实现的任何方面。与这些方法相关联的是所谓的“奇迹问题”，比如，“如果你明天早上醒来，发现发生了奇迹，问题都解决了，那会是怎样一番情形？会有什么不同？”对我们来说，这些方法的一个优点是他们都帮助客户聚焦于未来和积极的目标，而不是消极的目标。比如，一位客户说他的目标是在会议上不再感到焦虑，可以要求他以一种积极的方式重申目标：“我会在会议上更加自信和果断。”积极陈述的目标实现的可能性更大。与此类似，有些客户由于被问题所困，不愿或不能思考未来，因为当下的困难耗尽了他们的精力和注意力。此时，一些技巧，比如头脑风暴“更喜欢的未来”，或者甚至是一个简单的提示（“如果情况稍微好一点，会是什么样子？”）就能使客户前进。

动机理论认为，一个有适当弹性的目标在改变行为方面是最有力的。一个有弹性的目标既不太难也不太容易实现。当它是自我设定而不是他人强加的时候，它就是一个强大的动力。作为教练和导师，我们都体验过，当客户自己发现有意义的可以实现的目标时，那种影响是不可估量的。盖尔·马修斯（Gail Matthews）的研究表明：当把目标写下来并与信任的朋友分享时，目标更有可能实现，即使是这种简单的干预也能增加客户成功的概率。

尽管我们重视动机与目标设定，我们也认识到对某些客户来说，目标设定不能太简单直接。在教练和导师之间存在一个有趣的争论：有人认为帮助应当从询问客户的目标开始，正如GROW模型所示的那样；而另一些人则认为如果让客户讲述自身故事和想象美好的未来，以达成有意义的目标，那他们会更加受益，如熟练助手模型（The Skilled Helper）所示。我们的经验是：有些客户甚至在一个教练或辅导周期结束时还没有准备好或者还不能设置实质性的目标。然而，在每一次会面之后，我们都会期待客户有所行动，无论是一个重大的改变，还是仅仅对教练或辅导过程有所反思，又或者哪怕只是迈出一小步都是好的。

我们也受到了认知行为教练法的影响，这种方法认为一个人对事物的思维方式会影响他的感受及行为方式。这些思维方式在激励客户挑战自我方面特别有用。客户可以扪心自问，自己的想法和信念是否合理，是促进还是阻碍了自身发展。自我限制的信念是可以被质疑的，并且可以被其他能促进而非阻碍绩效表现的想法代替。如果一个客户认为“我对面试完全不抱希望”，那你可以引导他换一种表达方式：“我在有些面试中表现不错，有些则不太好”；类似地，“我总是被压力击溃”可以改为“当我准备充分时，我是可以承受面试压力的”。

花时间帮助客户探索他们的人生故事、基本主题和模式也是一种强有力的干预方式。对心理动力法的认识在这里帮助了我们。当无意识的信念或假设（或许是人生早期形成的）限制了客户解决问题、充分利用机会的能力时，那在一个安全的、支持的环境中审视并挑战这些信念就是一件愉快的事。然而，我们应当避免过度解读或寻求并不存在的隐含模式或意义。我们都曾经听过一条给教练和导师的忠告："一定要以最少的干预来帮助客户改变。"

以叙事为主的教练技术和辅导技术非常重视帮助客户了解他们的个人故事，以及这些故事是如何塑造他们的身份和行为的。劳纳在 2002 年描述了来自家庭疗法的六个概念，从中我们得到了一些有用的提示：在对话中要全神贯注，倾听客户的真实想法而不是想象他们的意思；当故事展开时保持好奇与中立；提出反思性的问题鼓励客户审视和拓展视角；与客户讨论如何一起工作，而不是仅仅关注客户的故事；与客户合作，而不是将某种所谓正确的方法强加给他们。

也有人认为，教练和辅导对话与客户的变化固然有关，但是真正的变化是发生在对话之外的客户的世界里。霍金斯和史密斯的变革型教练技术模型（model of transformational coaching）挑战了这种观点。他们认为在教练或辅导过程中，当客户的思考、感觉和行为发生根本的变化时，"变化就在内部发生"。他们强调"此时此刻"以及"内部的关系"，可以改变"外面的"事情。当教练或辅导过程进展不顺时，这些观点能够帮助我们敢于挑战自我和客户。霍金斯承认这样做看起来有风险，但潜在的影响非常大。类似地，格式塔理论也强调了"此时此刻"增强意识的重要性。关于改变的格式塔悖论认为，当一个人充分地与真实的自我接触，而不是试图否认自我时，就会发生改变。我们发现，源自格式塔流派的一些技术，比如"角色转换"和"空椅子"技术对于客户的快速融入特别有帮助，如此一来，他们就不是在单纯"谈论"一件事情，而是在"体验"。

对我们有重大影响的另一项技术是伊莎贝尔·布里格斯·迈尔斯（Isabel Briggs Myers）和其母亲凯瑟琳·布里格斯（Katharine Briggs）研发的迈尔斯–布里格斯人格类型指标（Myers-Briggs Type Indicator®，MBTI）调查表。她们的目标是使荣格的类型理论能够为个人和团体所用。我们认为 MBTI 调查表是一种处理我们和客户之间的异同点的有效工具。客户觉得这种工具在他们思考如何领导、管理和影响他人的时候很有帮助。比如喜欢保持开放选择、收集更多信息的客户可能会被那些喜欢得出结论和做出决策的同事所激怒。认识到存在不同的"人格类型"可以使帮助客户的工作包容差异，而不是将其视为障碍，并认识到不同的方式都有价值。然而，我们也应该认识到 MBTI 调查表并不适合所有的客户。而且，尽管这个调查表宣称其可以，但实际上并不能解释人和人之间所有的不同之处，也不能捕捉到每个人独特的个性特征。

许多成功的领导和经理人同时也是教练和导师。博亚兹等人 2006 年的研究表明领导成为教练益处很多，对于这一点我们感受颇深。教练他人、体验共情有助于在生理层面上平衡领导角色压力的影响。我们发现，客户常常与领导力研究产生深深的共鸣。比如，戈尔曼在 1998 年描述了成功的领导和情商之间的关系。他将情商定义为“识别自我和他人的感受、激励自我、管理自我以及在人际关系中管理好情绪的能力”。他描述了五种情商能力：自我意识的能力、自我调整的能力、自我激励的能力、认识他人情绪的能力，以及处理人际关系的能力。这些能力是可以开发的，我们发现许多客户能够在个人及职业发展中运用这些观点。此外，如果不提及伊根在 2010 年提出的熟练助手模型，这部分内容就不算完整，尽管有些教练和导师可能觉得这个模型的框架过于简单、不够灵活，我们却觉得它既内涵丰富又足够复杂。如果应用得当，它可以使我们自如地运用前面所说的所有观点和方法。使用这个模型的体验很像两个人带着一张正确的地图在乡间漫步：两个人都可以查看地图，但是它并不决定他们的旅程，也不会阻止他们加速或减速、抄近路或偏离路线。相反，它会告诉他们目前的位置，尽管有时他们会淘气地故意偏离方向。考虑到天气、精力及可支配的时间等因素，它会帮助他们做出明智的判断，选择当天的最佳路线。他们也可能改天故地重游，手里拿着地图，对地形有更清晰的认识，然后选择要去的方向。

有效的方法

教练和辅导是一种学习关系，帮助人们为自我发展负责、释放潜能、达成自己期望的结果。在这一部分内容中，我们将探讨一些有助于提高教练或导师效能的方法，它们涉及：

• 释放潜能产生改变；

- 处理学习关系；
- 关注绩效表现；
- 团队教练。

释放潜能产生改变

在前文中，我们提到了人本主义和实证主义的方法。它们都描述了有效帮助的核心条件：对客户的信任和真诚的兴趣、尊重和共情。共创式教练技术模型（The co-active coaching model）也是基于这些条件。以下是共创式教练技术模型的四个理论基础：

- 客户天生就拥有创造力，拥有资源和健全的人格；
- 共创式教练技术重视客户的一生；
- 由客户安排日程；
- 这种关系是一种“精心设计的联盟”。

这个“精心设计的联盟”的目的是让客户和教练共同承担起教练过程的责任，以满足客户的需求。客户要学会为自己将要做出的改变负责。教练和客户会运用倾听、直觉、好奇心、行动学习和自我管理等技巧。有两种力量会创造改变——行动和学习。

> 因为推动客户前进是教练的核心目标，所以我们把“向前”一词用作动词，说明教练的目标之一是向前推动客户的行动。在改变过程中起作用的另一种力量是学习。学习不能被简单地看作行动的副产品，它是一种同等重要的补充力量。学习能产生新智慧，拓展可能性，增强改变的强度。
>
> 惠特沃思

在使用这个模型时，教练或导师可以专注于倾听客户的需求，并朝着他们想要的方向前进，这种看似随意的方式实际上是需要经验和技能来支持的。

释放潜能产生改变是实证主义方法的一个重要方面，包括欣赏式提问和关注解决方案的教练技术。在欣赏式提问中，教练或导师的目标是通过一个四阶段周期来帮助客户：

- 发现：通过系统性提问的对话方式帮助客户在一个特定的重点内确定他们认为有挑战性、有趣和有活力的方面，并且使他们为之付出努力；
- 梦想：鼓励客户从当前情境中看到积极的因素，对未来充满积极的愿望与梦想；
- 设计：客户通过思考，设计一个策略来达成上述愿望或梦想；
- 实现：客户专注于实现愿景，更重要的是，维持和发展支撑设计的能量、希望、热情和积极关系。

这个方法从一开始就关注改变。下面这个例子说的是一个客户与团队之间出现了问题，导师或教练采用了一些欣赏式提问。导师或教练并没有问“你和团队之间出了什么问题”，而是请客户思考团队成员的优点，以及曾共同达成过哪些客户看重的成果。下面是问题范例：

- “请描述你在高层领导团队中的一次重要经历——你最投入或最兴奋的时候！”
- “不谦虚地说，你认为自己最大的价值是什么？你对团队做了哪些贡献？”
- “你认为赋予团队生命力的核心因素是什么？”
- “如果你有三个愿望来提升团队的活力和健康度，你希望是什么？”

这些问题在发展新观点、发现阻碍客户前行的盲点方面很有价值。它们给予人们活力和希望。发现、梦想、设计和命运的周期与熟练助手模型的不同阶段之间存在相似性。后者被描述为“一种问题管理和机会开发的方法，具有帮助作用”，包括以下三个阶段：

- 当前情形：正在发生什么？
- 首选未来：我需要或想要什么？
- 前进方式：我该如何得到我需要或想要的？

客户受邀讲出自己的故事，确定他们希望讨论的方面，头脑风暴他们期待的情形，选择并致力于一个目标，然后制定策略和可管理的计划去达成有价值的结果。这些阶段有助于释放客户的潜能，为他们创造机会，以确定自己真正的价值，然后鼓励他们“梦想”自己的首选未来。

另一个可以释放潜能产生变化的方法是关注解决方案。该方法积极、实用，与欣赏式提问有类似之处，且简单可操作。该方法基于以下观点：

- 找到起作用的因素，在那些方面多下功夫；
- 找到不起作用的方面，做点不同的改变；
- 寻找并利用资源；
- 找到成功因素，并以其为基石。

有些技巧和方法只关注客户想做的事情，而不关注他们不想做的事情，它们会使用程度问题，比如，“如果用 1 到 10 来衡量，你现在处在哪个位置？如何从现有程度达到你期望的程度？达到几才算足够好？”在帮助客户应对职场难题时，它们不关注难题本身，而是专注于客户解决该难题的资源是什么：“可以看出……在当前是相当困难的……我注意到你已经尽力了……我想知道你是如何做到的？”在这个例子中，帮助客户意识到自己的优点可以使其对继续前行充满信心。你可以采用下列几个经典问题：“请告诉我，你在哪些方面已经做得不错了？”以及“当这些问题都得以解决时，情况会有何不同？”

有这样一个积极心理学的练习，目的是帮助客户提出并推进一个看似不可达成的目标，练习里是这样说的：“想象一下你站在一条沟壑的一边，而目标在另一边，现在我们需要在沟壑上架桥。让我们列出你的五个最大的优点，看看如何利用每个优点让现在的你变成理想中的你。”教练可以从客户最突出的优点开始，比如，有耐力、能坚持，然后帮助客户形成一个行动计划，也就是一个建造桥梁的地图，接下来让客户利用第二个优点再建一座桥，然后依次重复另外三个优点。还有两个方法也比较有用：一是帮客户确认进展顺利的方面，二是鼓励客户记住小的积累会带来大的改变。

处理学习关系

所谓关系是指两人或多人联系在一起的方式。近年来，人们对关系教练技术的关注度正在增加，其中一部分原因是有人发现绩效教练技术有一些回答不了的问题。“关系”一词告诉我们，教练或导师同客户之间是相互关联的。尽管有些方法只关注客户身上发生的一切，关系教练技术却同样关注教练身上发生的事情，而且教练和客户之间的关系也的确如此。有心理学背景、心理治疗背景、社会学背景或建构主义背景的教练或导师已经意识到教练和客户之间意义传递的重要性。在本节中，我们分享了一些观点，探讨了教练或辅导过程中发生的一些动态变化。

在关系教练技术的应用中我们意识到，过去同重要人物的依恋关系很可能影响当前教练或导师与客户建立关系的方式。

> 在会见客户时，教练或导师会有意无意地将先前的经验以及心目中帮助者的形象带到新的会面中。这就要求他们要有清晰的自我意识和自我反省的能力，使自己能顺应联结的建立过程，而不是试图掌控这个过程，或者被相互作用所改变。教练的结果无法被精确预估，这一点是比较有风险的。但充分参与这种学习关系会增加生成新事物的可能性。
>
> **克里奇利**

关系型教练能关注到教练过程中教练和客户之间发生的事情并做出回应。

伯恩帮助我们理解并接纳这样的观点：过去对现在有重大影响。他分析了人们之间的交流与沟通，结果表明，大部分沟通来自三种自我状态：父母、成人和孩子。这些观点构成了沟通分析理论（transactional analysis，TA）的基础。TA 的观点和方法在教练技术和辅导技术中的应用很广泛。使用 TA 技术的教练和导师可能会注意到某些“生活脚本”来自这些自我状态，比如，“我必须保持完美”“我无法成功”及“总有一天我会出人头地”。人们在很小的时候就开始学习这些脚本，然而它们可能对于后来的生活全无益处。高效的教练或导师能够使客户识别并挑战这些脚本。

卡普曼三角形（the karpman triangle）通过展示迫害者、受害者和救援者的角色在游戏中是如何转换的来说明这一点。因此，有可能发生的情况是，客户将善意的教练或导师当作迫害者，而将自己视为受害者，这方面的例子可以参见海的作品。教练和导师认为沟通分析理论的方法对于关注教练或辅导过程中发生的事情是很有价值的。当客户在工作或其他领域中遇到人际困难时，此方法也很有帮助。明智的教练或导师在倾听时会适时以一种探寻的、邀请的态度回应客户，而不是给出专家性的解释。这样做的目的是让解释来自客户自己，而不是教练或导师。借助台词和游戏，双方可以模拟在职场中和不同的人进行交流的情景（更多关于沟通分析理论和卡普曼三角形的细节，请参见第 9 章）。

当教练或导师充分意识到此时此地正在发生的事情，他们会立即以恰当的方式进行处理，这对客户来说非常重要，他们会觉得对教练或导师坦诚相待是安全的，并因此很可能在其他关系中也保持真诚。这种真诚的重要性在格式塔关系理论中是很明显的。布拉克特认为，虽然这种方法并不是所有客户都喜欢，但对于那些灵活、爱思考、对内外部世界都感兴趣的客户来说却很有帮助。他概括了几个核心假设：客户总是尽力做到最好；当客户与“此时此地”紧密联结时就会发生改变；意识水平的提高能帮助人们以一种新的方式看世界、做选择、去行动；每种情况都是动态的，需要了解并认识这一点；所谓的“未完成事件”会阻碍客户实现潜能；探索“此时此地”提供了“学习和成长的最佳机会”，比如通过问“你现在意识到了什么”。通过一次次会面，教练或导师帮助客户形成正确的自我认知，鼓励他们触碰并接纳自己的方方面面、自己的工作与工作场所，以及同事和朋友。

格式塔理论认为，变化的发生不是通过走向未来，而是通过与当下保持充分的联系。这似乎有违常理。然而与当下联系意味着与被否定的那部分自我接触，这种否定或许是因为人生早期重要的需求没能得到满足。在格式塔理论中，有四个因素会阻碍与自我的接触，其中两个是“内化”和“回射”。“内化”是指“应该做什么”，通常来自父母或其他成年人的期待。这些因素干扰了客户与自己真实想法的联结。当客户将自己真实的想法和感受深藏内心时便会产生“回射”，这有可能是因为在职场中，他们感觉到不能安全地表达观点，于是便隐藏自我或允许自己被忽视。客户可能已经失去了和自己真实想法感受的联结。如果教练或导师能和他们在一起，让他们感到说出自己的真实想法和需求是安全的，对客户来说就是一种极大的解放。因为双方对真诚和透明度已达成共识，并且愿意在接触被打断时去挑战，所以这种接触可以变成联结。正是这种联结使客户能够从这种学习关系中获得巨大的能量。

关注绩效表现

认知行为心理学提供了大量方法来关注具体的绩效结果。思维、感觉和行为方式相互关联并影响客户的绩效结果。这些方法关注当前的体验和未来的可能性，并运用行为强化技术来突出积极因素和减少消极因素，共同致力于帮助客户在清晰的时间框架里建立并达成具体的、可衡量的、现实的目标。尼南和帕尔默把这种教练关系描述为“一种协作关系，帮助个体以结构化、系统化的方式聚焦问题解决”。

GROW模型是由惠特莫尔发展起来的一种流行的教练模型。它已被广泛应用于高管教练及工作教练。由于强调绩效和结果，GROW模型通常让客户在一开始明确一个他们想要达成的目标或结果。在确定了目标和结果后，教练会帮助客户追溯当前现实。当客户明确了自己当前的位置及他们想去向何方，他们就会在教练的帮助下找到所有可以达成目标的路径。最后，在确定了路径之后，客户开始探索行动的意愿。

一些绩效教练和高管教练技术的提出者们将自己的观点建立在“内部游戏”的基础上。高管教练的很多思想源自体育教练，包括绩效表现的“外在游戏”和态度与心理的“内部游戏”的区别。高威在2000年认为，只有内部的思考和感受发生变化，外在的绩效改进才有可能发生。积极思考的力量是内部游戏方法的核心。这个重要的概念是这样的：潜能减去干扰等于绩效。这种方法的倡导者唐尼解释说，自己一次又一次地注意到，阻碍高绩效的正是潜能和成果之间的情绪干扰。他列举了以下干扰的例子：恐惧、怀疑、缺乏自信、想要完美、愤怒、无聊和沮丧。

教练会帮助客户识别干扰，并将其影响降至最低。这能够促使客户产生一种“放松的专注”，从而提升绩效。这种方法和体育教练之间的关系是显而易见的。我们都体验过高水平表现时的“顺畅”，不论是打网球、弹钢琴还是做公众演讲。唐尼给出了一些有用的实例，说明当客户讲述故事时要倾听他们的情绪。与惠特莫尔和高威一样，唐尼的提问也从询问理想抱负开始。当客户开始谈论梦想时，教练或导师要倾听的不仅仅是他们所认为的梦想无法实现的外部原因，还要倾听内部原因和干扰因素，而关于这一点以前的谈话可能从未提及。尽管惠特莫尔、高威和唐尼都高度关注教练结果，但他们也运用了倾听和提问技巧来引导客户，而不是发出指令。事实上，唐尼把自己的方法称为“非指导的教练技术”：教练是一门引导别人提升绩效、学习和发展的艺术。

运用神经语言程序学（NLP）技术的教练们注意到了 NLP 的主要理论支柱和 GROW 模型之间的相似之处。格里姆利认为 NLP 教练技术主要关注三个问题：

- 客户是否明确知道自己想要什么；
- 他们能否保持开放的态度以感知当下的收获；
- 他们是否足够灵活来不断改变直至达成目标。

格里姆利认为，NLP 教练技术的目标是最大化客户资源并增加其选择，这需要考虑不同情况。教练应帮助客户认识到，如果遇阻是因为他们构建世界的方式有问题。此外，自我意识是关键，目标的实现是一个重要的结果。

惠特莫尔的 GROW 模型和伊根的熟练助手模型之间有几个相同的特征。两者都强调意愿和行动之间的重要关系，都关注明确具体的改变目标，都检测对目标的承诺。然而，其不同之处在于事件的先后顺序——在伊根的方法中，承诺是在提出方案和行动计划之前检测的。两种模型都强调教练或导师要有一定的灵活性，不能刻板地遵循模型。熟练助手模型在第 7 章和第 8 章将会进一步阐释。它为教练和辅导过程提供了一个框架，可以与本节中介绍的一些思想和方法一起使用。

团队教练

尽管本书主要讨论个体客户与教练或导师之间的学习关系，但是在团队教练中，客户就是团队。作为发展高绩效团队的一个方式，团队教练正变得越来越受欢迎。这些团队具有以下特点：对共同目标有高度认同；紧密合作；相互信赖；重视且尊重个体差异。团队教练有助于整合个体、团队和企业目标。

团队教练的定义各有不同。然而，许多研究者都认同任务绩效和团队发展是成功教练的两个重要方面。所以，一个团队教练应当了解团队动态、团队发展、团队角色、组织文化及其对团队学习的影响。

团队教练可以用于：在现有团队中鼓励更加高效的团队精神；加速新生团队成长为高绩效团队的过程；增强团队领导的教练技能；发展解决组织层面问题的跨边界团队。巴登在 2006 年概括了团队教练是如何在合作的团队中发挥作用的：

如果一个团队偏离了目标，就应当接受教练指导。当组织改变了工作重心，关键的团队在跟进方面遇到困难时，这种情况就会发生。团队领导者（可能已接受过个人教练或辅导）已经意识到团队需要新的目标，以及需要重新审视团队的关键因素。

在实践中，团队教练通常和一个或多个管理委员会成员及团队协同工作，并且可能对单个成员进行个别教练，以提高其在团队里的参与度。高管教练可能先与单个主管级的客户一起工作，然后再被要求指导客户所在的团队。在这种情况下，需要澄清边界问题和利益冲突。

团队教练的技能包括：第一，使团队成果与企业目标和期望相一致；第二，最大化单个成员的贡献以确保整个团队的高绩效。尽管这种方式成本低、收益大，但它要求团队教练具备高水平的管理各种个人和组织期望的敏感性、技能和适应能力，所以这并不容易。

智慧的教练或导师

到目前为止，我们已经定义了职场中的教练和辅导，解释了保证有效性的九个原则，分享了一些对我们产生影响并被广泛使用的方法和模型，现在让我们来思考一下是什么使一位教练或导师不仅有能力，而且显得高效和智慧。

克拉特巴克和麦金森观察了大量职场中的教练和导师，并得出结论：成熟的实践者是那些尽管掌握了大量的模型和技巧却并不刻板使用它们的人。相反，在和客户打交道时，他们会不断问自己三个问题："我们是否足够放松，允许问题和解决方式以任何方式出现？我是否真的需要应用某个流程或技巧？如果需要，我又该如何根据客户的背景从众多的选项中做出选择呢？"他们称这种工作方式为"系统性折中"。这些成熟的教练或导师展现出了放手的自信来帮助客户。在关键时刻做出艰难的选择是需要智慧的。当我们作为客户体验智慧的教练或导师的帮助时，是什么在起作用？情况可能会是这样的：

我的导师特别自然，以至于我甚至没有注意到他的技能，但是他的辅导技术的确高超。他并不显摆他的经验，而是将自己躲在背景里。但他就是他，他让我感受到在意与关心，并给了我足够的时间讨论和思考。他也非常具有挑战性，但会非常小心，会仔细观察我的反应。我总是惊讶于他是如此了解我。他知道什么时候该推我一把，什么时候需要往后拽一下。我感觉正朝着目标前进，他似乎生来就知道什么时候该说点什么，什么时候该保持沉默。

我想向他学习。我选择他是因为他了解我的组织是如何运作的，他知道那些规定和文化。他和我分享了自己的经验，让我觉得自己是在和一个有血有肉的人而不是什么专家交流。他给了我时间，这很重要。我需要在工作中做出某种改变，但开始时并没有准备好这么做。他从来没有试图催促过我。有时候我会恍然大悟，豁然开朗，我们会一起分享这些快乐时刻，他会和我一样开心！当然也有遇到困难的时候，我们似乎暂时失去了彼此的联结，但他并不着急，而是给我时间，然后问我是否愿意一起看看发生了什么。尽管有困难，但每次这样做都会把我们的关系推向信任的新高度。有时候我能感到他确实理解我，他不用说什么——他眼睛里的一丝闪光，一个微笑，一个好奇的表情，就能让我知道他和我在一起。

那么，这种智慧是什么？能力是显而易见的，而智慧则不是。智慧似乎是运用明智的判断力在恰当的时候领悟需求的能力。为了做出这种明智的选择，教练或导师需要能够在多个方面和客户同步。这种感知力，再加上关心便赋予了这种关系一种特殊的品质。人们常说“联结”“协作”，一起迈门“和谐”。这些表达试图捕捉那些既富有智慧又有能力的教练或导师的特质：他们信任自己的直觉如同信任自己的知识和技能；他们知道什么时候该“收”，什么也不必做，也清楚什么时候该向前推进、积极参与；他们调动所有的感官向客户传递一个正确的信念：客户有能力达成自己想要的、珍视的结果。

总结

在本章中，我们：

- 提出了教练技术和辅导技术的定义，认为教练和辅导关系是一种学习关系，可以帮助人们为自我发展负责，释放潜能，达成他们看重的结果；

- 概括了支持高效教练和辅导的九个关键原则；
- 探索了教练技术和辅导技术所适用的情况；
- 分享了一些教练技术和辅导技术对我们实践的影响；
- 讨论了一些有关教练技术和辅导技术的有效方法；
- 总结了有关高效和智慧的教练和辅导实践的想法。

第 2 章　如何成为高效能的教练或导师

本章的目的是帮助你成为一名高效能的教练或导师，并在工作中高效地使用教练和辅导技术。你可能已经是一位教练或导师了，又或者正在想是否要成为其中一员；你可能想知道，教练或辅导技术如何能帮你成为一名高效能的领导或经理；或者你可能在考虑教练或辅导技术能否给你的组织或职业生涯带来好处。本章会为你回答这些问题，它从教练或导师的角度讨论了教练和辅导技术是如何在实践中发挥作用的。

在本章中，我们会描述高效能的教练和辅导技术的品质和特点及其和其他帮助关系的区别。我们也会展示教练和辅导的关键技术是如何帮助客户的。此外，我们还会探索学习关系是如何建立、维持和结束的，以及框架和工具是如何帮助教练和导师及他们的客户充分运用教练和辅导技术的。

本章包括实践练习、清单、活动以及用于说明关键点的案例。

在你看到这个标志的地方，有一个活动需要你完成。这些问题的设计假定你已经参加了教练或辅导。即使你的参与程度还不高，你也可以思考自己的答案。

为什么要当教练或导师

在第 1 章里，我们给高效的教练和辅导技术下了定义，并且探讨了两者的共同点和主要原则。无论是教练技术还是辅导技术，都是一个人对另一个人的帮助，可能是针对工作中短期的问题，也可能是长期的发展，抑或是两者兼有之。他们的关系——一种学习的伙伴关系，在释放潜能和达成结果方面至关重要。一个人成为另一个人在个人、职业和职业发展旅程中值得信赖和忠诚的向导，这段旅程可能会持续数周或数月，也可能只是一次会面。但无论旅程是长是短，其目的都是一样的：帮助人们去实现他们所看重的改变。

在读这段话的时候，你可能已经在思考你正在做的或者你即将要做的工作了。花点时间，通过完成下列活动思考一下你的工作动机。

完成下列句子。

- 我对教练 / 辅导技术感兴趣，因为________________
- 作为一名教练或导师，我必须要提供的是________________
- 我的教练或辅导经验是（无论正式还是非正式）
- 我很重视教练或辅导技术，因为________________
- 作为教练或导师，我想要实现________________
- 对于那些我教练或辅导的人来说，好处是________________
- 对于我的专业 / 组织来说，好处是________________
- 对我的好处是________________

关于你的动机，你的答案是什么？你想通过教练或辅导技术实现什么目的？有什么是令你感到惊讶的？你有什么疑问吗？

对双方个人（教练、导师和客户）和组织来说，教练和辅导技术的好处有案可循的。一份针对美国和欧洲的辅导研究论文的调查报告显示：受益的不仅是客户（40%）和企业（33%），还有导师（27%）。辅导技术手册列举了可能给被辅导者带来的好处，描述了辅导技术如何开发他们的能力：

- 使他们了解自己如何思考，如何看待这个世界，以及这会对他们的行为产生怎样的影响；
- 使他们创造性地多角度思考问题；
- 使他们管理自己的学习，并了解怎样才能学得最好；
- 使他们学会自我管理、依靠自己，并使用自我导向反射技术和自我分析技术来分析问题和了解自己；
- 使他们了解如何去应对改变，适应过渡；
- 使他们运用有效的决策方法去分析问题和解决问题；

• 使他们在人际交往，在管理人和事，在自己的影响力等方面有自信。

组织层面的好处包括：吸引和留住员工，降低压力水平，提升员工绩效，培养更具支持性的文化，促进机会平等，降低培训成本。对导师的好处包括：从发展别人中获得更多的个人成就感，提升知识与技能，得到别人认可，以及更深刻地认识自我。

下面是教练和导师谈论成本和收益的几个例子：

乔是一位资深护士和富有经验的导师，一个渴望继续提升自己的人：我帮助好几个人更加明确了他们的职业发展方向，并进一步专注于自己内心的想法。现在，他们都事业有成。我希望能够在专业上有所作为，激励他人。我知道那有多么重要，因为一开始我也不知道该从哪里入手。我也学到了很多关于我自己的东西，比如，虽然我在业界算老资格了，但这并不意味着我就知道什么对别人来说是最好的。辅导技术使我更清晰地意识到我应该如何与同事和客户相处。这确实花了些时间，也与其他方面的需求产生过冲突，但对我来说是值得的。

瑞安是一名人力资源部主管，他为高级员工开发了教练项目，试图在企业发展一种教练文化：显然，举办一个培训项目需要大量直接或间接的费用。但经过多年的努力，我们可以看到，这种培训的好处是参训人员已经把教练技术转化应用到了日常工作以及教练过程中。虽然我们并没有去量化培训带来的这种好处，但定性评价显示：员工们正在把这些技能和思维模式应用到正式的教练过程和日常工作中。比如，一位同事曾经说道："你可以从一个人开会时解决问题的方式看出他是否参加过教练课程。"

妮塔是一位经理：做教练是我工作的一个重要组成部分，不是一项单独的职务。我负责员工发展，我们这里拥有积极的教练文化。我把自己看作员工的资源，教练技术在员工绩效改进和个人发展等方面带来的好处是切实可见的。我需要付出的是什么呢？哦，就是有时需要提醒自己保持沉默，而不是冲出去解决问题！

从这些例子中可以看出，成本和收益有可能是切实可见的，比如时间或金钱；也可能是不可见的，比如个人的成就感。

对于你来说，教练或辅导技术有什么好处？你需要付出什么？

帮助而不是告知

教练和辅导既不是赞助，也不是治疗。如果是赞助，那资历较深的人会在职业发展方面对资历尚浅的同事给予扶持。赞助人就像是出资人，可能会动用他们自己在业界的人脉去帮助某个人发展事业。如果是治疗，那有资质的专业人士可能会帮助解决一些长期的、个人的，但不一定与工作有关的问题和困难。

教练和导师在聚焦个人工作方面的问题时，也可能会涉及个人问题，但他们肯定不会像治疗师那样涉及得那么深。表 2–1 描述了教练和辅导技术与赞助和治疗的一些不同之处。

表 2–1　　赞助、教练和辅导技术与治疗的不同之处

赞助	教练和辅导技术	治疗
涉及职业提升	涉及问题与机会	涉及个人的问题与困难
与职业相关	与工作或职业相关	可能解决个人深层次的问题或与工作无关
赞助人不太可能受过训练	教练 / 导师使用技能和相关框架	治疗师是合格的从业者
边界不那么重要，甚至可能会有意重叠	教练 / 导师认同界限	治疗师有严格的界限
赞助人可能是相同的职业 / 领域内的	教练 / 导师可能是组织内的，也可能是组织外的	治疗师是组织外的
赞助人提供机会	教练与导师强调学习与发展	治疗师帮助解决问题
赞助人是资深人士	教练 / 导师可以是前辈 / 同事 / 后辈或无关联的人	治疗师是公平的、独立的
赞助人可能不期待关系方面的反馈	反馈是学习关系的一部分	反馈的数量和使用取决于疗法

埃米尔是一位导师：我给同行做导师已经有几年了，帮助他们思考职场和工作中的问题。当然，我有很好的人脉，有时候这对我也很有帮助，但是我的作用不是为他们在职场上铺路。事实上，前些年也有一两个员工

离开了公司，那对他们也是正确的选择，因为他们谋得了更好的职位。偶尔会有人带来一些我并不擅长的问题，比如人际关系问题或者健康问题，然后我们会探讨可以去哪里获取帮助。

安吉拉是一位教练，有咨询的从业背景。她阅读了教练能力清单，其中一条是关注客户的日程，而不是教练认为日程应该是怎样的。安吉拉是一位出色的聆听者，她很尊重客户，密切关注他们的意见。然而，她也会对自己是否有时控制 / 操纵了客户感到困惑，用她的话说，就是“直探事情的根底”，而不是“跟随事情的发展”。她说：“可能我对洞察力比对行动更感兴趣！”她决定以后要特别注意这一点——通过询问客户他们每次更想关注什么问题，以及希望得到什么结果。

作为一位教练或导师，你是如何看待你的角色的？与赞助人或治疗师的角色有什么不同吗？你认为有没有什么话题超出了教练或辅导的范围？

表 2–2 是关于教练或导师可能的角色的列表。

表 2–2　教练或导师可能的角色列表

- 支持者：自信而有礼貌的聆听者，不评价
- 挑战者：帮助客户挑战自己，并提供能产生共鸣的挑战
- 共鸣板：帮助客户去探索“不成熟的”主意或想法
- 沟通者：帮助客户识别关键的联结和发展关系
- 教练：帮助客户培养技能和信心
- 行为榜样：具备客户渴望拥有的能力或品质
- 诤友：提供建设性的反馈
- 战略家：帮助客户展望蓝图，思考长期的战略
- 催化剂：帮助客户开发新的思维方式，利用其创造力

教练和导师的角色可以如此丰富，你可能注意到一个角色——“专家”的缺失。教练和辅导技术与我们很多人在日常工作中提供的帮助有所不同：我们给人们提出建议，他们从我们的专业知识中获益；专业知识是很多工作和专业角色的核心。总的来说，专家级的帮助者比被帮助者更了解所讨论的话题。

作为一名教练或导师，尽管我们可能更有经验和专业技能，但我们的主要作用

是帮助客户自己找到解决他们问题的办法。教练或导师帮助客户通过探寻自己的经验和资源，顿悟并生成自己的解决方案。这比教练或导师直接给出解决方案更有可能获得成功。表 2–3 说明了专家与教练或导师之间的区别。

表 2–3　　专家与教练或导师的不同之处

专家	教练或导师
• 强调知识	• 强调过程
• 专家的洞察力是关键	• 教练或导师的帮助技能是关键
• 提供方向	• 提供“地图”
• 解惑者	• 推动者 / 赋能者
• 收集 / 分析信息	• 推动信息的收集
• 看重事实与逻辑	• 看重事实、逻辑和感觉
• 诊断问题	• 探索问题
• 认为问题可以被解决	• 认为问题可以被掌控
• 对问题的定义是客观的	• 对问题的定义是主观的
• 专业知识很重要	• 客户的洞察力很重要

所以，如果教练和导师追求的是赋权与增能，而不是给予答案或建议，那他们在实践中如何起作用呢？下面是一些客户面临的困境。这些疑问可能会出现在日常对话中，比如，在经理和雇员之间，或在更正式的教练或辅导会面中。

- 我怎样才能在工作中更具决断力？
- 我该如何发展我的事业？
- 这项工作适合我吗？
- 我该怎么管理一个刁蛮的员工？
- 应对要求苛刻的客户的最好办法是什么？
- 我该如何更好地平衡工作与生活？

每个问题的“正确”答案或解决方法在很大程度上都取决于问问题的人，正确答案不是唯一的。所以，比如第一个困境，适合 A 的方法可能就与适合 B 的方法大相径庭。这些问题或困境在瑞文斯关于行动学习法的论述里被称为“难题”，可以由不同的人用不同的方法来解决。他认为“难题”与“谜题”不同。“谜题”只有一个正确答案，就像填字游戏一样。专家的建议是很重要的，在寻找“谜题”的正确答案时甚至是至关重要的，比如一个复杂的医学诊断。然而，“难题”需要一种不同的方法，教练和辅导经常会比专家建议更合适。当然，专业知识在教练或辅导过程中也是起一定作用的。然而，正如下面的例子所展示的，教练和导师的主要角色是推动者或赋能者，而不是专家。

杰克是一位高级主管的人际关系技能教练。他帮助客户提高影响力和化解矛盾冲突的技能。他熟悉这些主题的研究，并且会在适当的时候与他们分享这些专业信息。然而，杰克首先关注的是每位客户的体验，即什么在帮助他们，什么在阻碍他们。他帮助每位客户确定哪些变化对他们自己以及他们的组织来说是重要的，并寻找恰当的时机，以便他们能够尝试和改进新技能。他通过“低干涉”的方式来分享专家的研究成果，而不是将它们强加于人。

露丝是一位运用教练技术培养本单位年轻医生的资深医生。她经验非常丰富，多年来她一直都意识到：“如果我仅仅告诉他们答案或者代劳，那么他们就无法真正学到东西。我必须和学员们在一起，向他们提出挑战性的能够发展他们的问题，当然，我会做一张安全网，在他们需要的时候出现。”

下一个活动会帮你反思，你在工作中做了多少专家式的帮助。

在工作中，你做了多少专家式的帮助？下列这些在多大程度上是真实存在的？教练或导师与你通常的帮助角色有什么不同？

- 我在这个方面比我帮助的人知道得多；
- 人们想获得我的知识和经验；
- 我知道哪些事实或信息与解决问题有关；
- 我通过提问来收集相关信息；
- 我通常可以为人们提供正确的答案或选项；
- 我收集事实和证据；

- 我从相关信息中挑出无关信息；
- 我可以为人们提供选项；
- 我可以为人们提供解决方案。

在这一部分的最后，肖恩·林肯（Shaun Lincoln）给那些想要成为导师的人提供了一个活动建议："自我测试一下，你能不能专注倾听10分钟以上而不给出建议呢？如果你不能，那你可能会迟疑一下。"我们在这里加一条：在迟疑之后，你可以寻求一些培训来发展或提升你的技能！

建立一种学习关系

客户如何看待教练或辅导关系很重要。只有当他们对这种关系的看法是积极的，教练或辅导才有可能充分起效。那么，什么是学习关系呢？在学习关系中，客户可以：

- 从教练或导师那里学习经验、知识和洞察力；
- 从与教练或导师的对话过程中学习；
- 通过他们进行学习，从他们的成长模式（有时也称为成功模式）中学习。

学习关系的某些特性更加微妙，只可意会不可言传。1960年，罗杰斯写了一些有关帮助型学习关系的文章，描述了在努力成为值得信赖的人时，如何满足"可信赖的外在条件"，比如守时、保持自信、始终如一。随着时间的流逝，他意识到"值得信任的真实"和"和谐一致"同样重要，这是一种被现代人描述为"真诚"的品质。真诚意味着能够觉察对自己的感受，还能利用这种感受与客户建立联结，而不是戴着面具或躲在专业的表象之下。真诚并不意味着我们把所有想到或感受到的都脱口而出。它强调的是对自我和自我行动有意识，愿意与客户一起彻底地投入这种学习的伙伴关系中。在这种学习关系中，我们越全身心投入，越真诚，客户也就越自由。

在下面的例子中，我们可以看到，真诚对客户来说可能会有挑战性，但也可能会引导客户的学习。请注意教练是如何不去评判别人的——他只是陈述了客户的话对他作为听众的影响，然后问了一个问题。

> 我的教练打断我说：“我知道这对你很重要，但你给出的细节太多了，我跟不上你的节奏。所有这些细节都对你有用吗？”我大吃一惊，它对我有用吗？没有。对他也没有任何帮助！我原以为它会很有用，而且我也意识到我在工作中就是这么做的，我总是劈头盖脸地先给人们一堆信息，再询问他们想要什么。尽管这让我有点震惊，但是他没有假装感兴趣，确实让我学到了很多。也许人们在工作中就是那么做的，他们只是假装感兴趣。

“尊重”的意思是接受并肯定一个人的本来面目。作为教练或导师，我们可能不同意或不喜欢客户的行为或观点，但是我们应暂停评判。然而，正如下面的例子所显示的那样，当别人做出的决策不太符合我们的心意时，我们很难表现出尊重。但这时候的尊重却可能是最有力的。

> 最终，我告诉教练，尽管公司为我做了很多，但我仍然认为这份职业不适合我。很多人对此很难理解，他们只看到了我的成功，并认为我不懂得感恩或太任性。但是他跟那些人不一样，他听得很安静、很用心。我本以为他会反对我的观点，但他并没有。其实我知道实际上他与其他人的看法是一样的，但是他尊重我的观点，这非常重要。

罗杰斯所说的第三条重要品质是同理心（empathy），它和同情心（sympathy）不同。虽然这两个词源于同一个希腊词汇 pathos，意思是“感觉”或“忍受”，但前缀 sym- 的意思是“分享”或“处于一致的状态”，而前缀 em- 的意思是“置身事内”。当我们表达同理心时，我们会试着去体会成为另一个人的感觉，体会他们的处境，体会他们内心的感受。在罗杰斯看来，用同理心去沟通不仅仅是试图以一种超然的方式去理解“某人”。

同理心在教练和辅导技术中是一个强有力的工具，因为它能向客户传达，我们已经理解，或至少在试图理解他们独特的经历，而不是主观臆断或将我们的观点强加给他们。

> 一位同事在说话。下面有两种可能的反应。一种是有同理心的，一种是有同情心的。它们有何不同？哪一种是有同理心的？

同事：弗雷德有些“难办”。我们同时负责这一项目，但他总是推卸责任。他经常开会迟到，还把所有棘手的工作都推给我，压力一大，他就请病假，搞不懂他到底怎么回事。

回答A：他听起来糟透了，不知道你是怎么和他相处的！

回答B：你觉得这事有些棘手——看起来他似乎没有尽力。

回答B更具同理心，因为这种回答反映了说话者的感受。请注意它既没有暗示同意也没有暗示不同意，而是尽力以理解的方式去沟通。回答B在帮助同事解决这一问题时可能更有成效，因为它不但提供支持，还关注了同事。

回答A更具同情心，因为它暗示着同意了说话者的观点。它可能会引发同事继续谈论弗雷德，但并不一定谈及同事该怎么做来改变现状。这种回答的风险在于我们只是同意某人的观点或与他完全站在一边，而不是帮助他进一步处理问题。

在高效能的教练和辅导过程中，教练或导师会向客户传达同理心、尊重和真诚。有时这一过程是自然发生的，但有时却可能很困难。这可能是因为客户与教练或导师在文化、成长经历、信仰或价值观方面有差异。然而，在高效能的教练或辅导中，客户是被认可和重视的，教练和导师应尽力去理解客户所遇到的问题，这对前者来说可能是一个挑战。交流这种理解的意愿将有助于构建学习关系。在下一节中，我们将学习一些帮助我们表达尊重、同理心和真诚的核心技能。

一些核心技能

积极倾听

核心技能可以赋予教练或辅导技术生机，在教练或导师与客户之间创造一种对话模式。根据我们培训教练和导师的经验，最实用的技能就是积极倾听，它支撑着其他所有技能。

图2–1显示了积极倾听与诊断式倾听的不同。当教练或导师采用诊断式倾听时，他们会试图筛选和分类信息，分析什么是相关的，什么是无关的，试图找到一个解

决方案。这类倾听在之前谈到的专家解答“谜题”时非常有用。比如，医生会问病人，疼痛是刺痛还是弥漫性的，是饭前厉害还是饭后厉害——通过排除可能的病症，一步步缩小正确诊断的范围。他们决定哪些信息是无关的，可以过滤掉，哪些信息需要细化，然后根据他们的专业知识和经验逐步完善和集中选择。

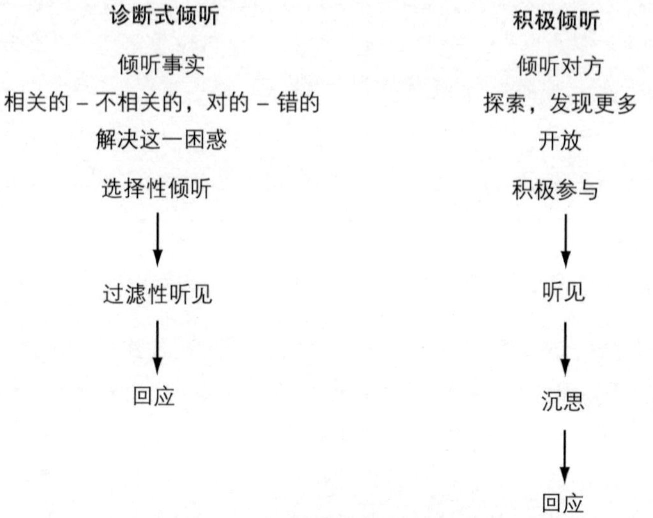

图 2–1　诊断式倾听与积极倾听的区别

然而，当教练或导师使用诊断式倾听时，就没那么有效了，因为这种方式会把他们置于主导的位置来掌控对话。为了获取信息来解决问题，他们常常会问一些封闭性的问题（通常是关于事实的）。这样他们不自觉就开启了专家协助的模式。当教练或导师使用诊断式倾听时，他们最终会生成选项和解决方案。相反，当他们使用积极倾听时，他们会通过帮助客户扩展他们对问题或机会的理解来为其赋能，从而更好地应对问题或机会。当教练或导师使用积极倾听时，他们对所有的信息都是开放的——无论是对感觉还是事实。他们会跟随而不是引导客户。实际上，他们像举起一面镜子，问道：“这就是我看到 / 听到的。对吗？对你来说是这样的吗？”积极倾听式的交流表明教练或导师正在努力去理解客户的体验，从而建立起信任的、支持性的学习关系。如果用一种“轻信的态度”去积极倾听，就会接受所有的信息：言语的或非言语的、事实的或情绪的，并从客户的角度去理解。

对很多人来说，停止诊断式倾听而开始积极倾听需要付出相当大的努力。将问题视为谜题去解决还是相当有诱惑力的。

当教练或导师善于倾听时，其感受可能会像惠特沃思所说的这样。

> 想象一下，有人不仅在听你说的话，还在听你的言外之意，甚至还在听你言语间的停顿。你的嗓音、你的情绪、你的能量的细微变化……他努力接收你发出的一切信息。他听到了甚至你自己都没有意识到的、你真正想表达的内容。
>
> 惠特沃思

下面的例子说明了如何进行积极倾听，以及它与诊断式倾听有何不同。

简正在帮助一个新晋职的团队领导，他带着问题来找她。这位团队领导是这样描述他在组建高效团队方面所面临的问题的："我感觉被空降到了一个战区。部门内部涣散，为了莫须有的事情互相攻讦，还有许多徒劳无益的冲突。离最后期限还有四个月，我们必须齐心协力，停止浪费时间和精力。沟通交流都失败了，比如在周例会开始前的最后一分钟，人们都'有事来不了啦'。我接手了这么一个烂摊子——一个马蜂窝——我想我被提拔的一部分原因就是上级主管部门相信我能把它捋顺。我想我应该被他们的信任所鼓舞，但是……"

简试图去帮助他。她正在进行诊断式倾听，下面是她的一些回应：

- 你们部门有多少人？
- 你有没有考虑过让人事部门介入？
- 你想尝试搞一天的团队建设吗？
- 你们可以重新协商一下最后期限吗？

这些问题来源于诊断式倾听，很容易识别。它们通常更有助于人们提出问题而不是回答问题。它们包括：

- 以问题形式呈现的建议；

• 客户已经知道答案的问题；
• 封闭式问题，答案通常只需一个词（经常是“是”或“不是”）。

作为可替代的选项，这里有一些积极倾听的技巧：

• 改写：“如果我没理解错的话……”；
• 用带问号的关键词或短语来提示；
• 做出回应之前从一数到三（默数），制造停顿；
• 总结全部信息的关键部分。

如果简使用积极倾听的方法，她会如何回应？使用改写、提示和总结的技巧试着做一些回应。

下面是一些简表现她在积极倾听的例子：

• 改写：如果我没理解错的话，你觉得自己是被空降到战区来解决问题的，而且要速战速决。
• 提示：战区？应该鼓舞士气的那种吗？
• 总结：你发现这是一个很难处理的局面；你是新手，而外界对你的期望很高，同时团队似乎处于自我毁灭的模式。

这些例子展示了简是如何跟团队领导沟通的，说明她正在积极倾听并试图理解他的经历，而不是对其进行筛选、判断或评估。

鼓励挑战自我

虽然对于教练或导师来说，所起的一个重要作用就是支持，但是客户还需要挑战。当客户被鼓励去挑战自我的时候，他们可以：

• 发展洞察力；
• 意识到自己的盲点；
• 挑战自我限制的信念；
• 注意到以前忽视的优势与资源；
• 关注未来；
• 实施行动；

• 变得更具战略性和前瞻性。

想想你曾经在一个困难的问题上得到过的帮助。是什么帮你挑战了自我？当时有没有什么事情让情况变得更糟？

积极倾听具有双重目的。除了为客户提供支持，还可以帮助他们挑战自己。继续前面的例子，让我们看看简的反应是如何帮助团队领导进行自我挑战的。

> 当简说“如果我没理解错的话，你感觉就像被空降到一个战区去迅速解决困境”时，他意识到自己讨厌被这样“空投”进来，即使应该鼓励自己去承担这项任务。同时，他也注意到用战争做比喻有点夸张了，他问自己事情是否真的那么糟糕。
>
> 当简说“你发现这是一个很难处理的局面；你是新手，而外界对你的期望很高，同时团队似乎处于自毁模式”时，他想知道是否整个团队都是“自毁模式”，也许他忽视了一些潜在的盟友。

因此，当教练或导师使用积极倾听技巧时，他们会通过展示他们正努力理解客户如何看待事情来建立信任。如上例所示，他们也增加了客户挑战自己的可能性。

有时仅仅积极倾听是不够的，教练或导师可能想要更直接地挑战客户。挑战可能是一剂猛药，教练或导师会通过积极倾听获得挑战的权力，然后以充满同理心而不是对抗的方式去挑战客户。就像过于强烈的药物一样，过于强烈的挑战也会被拒绝。

表 2–4 是一个可以用于教练和辅导过程的挑战列表。现在假设你就是简，请阅读列表，找出一些可能会帮助这位团队领导的挑战。你会如何表述这种挑战？

表 2–4　教练和辅导过程中可以挑战的方面

- **感受**。客户在这种情况下的感受是什么？客户可能会关注他们正在思考或者正在发生的事情
- **别人的观点**。别人会如何看待这种情况？他们会如何看客户？客户可能只关注自己的观点
- **证据**。有什么事实可以支持 / 反驳客户的想法或感受吗？客户有可能过分解读或概括，也有可能缺乏证据
- **盲点**。客户可能忽视了什么吗
- **所有权**。这种情况对客户来说是一个难题还是一个机会？客户可能只关注总体情况，而不是对他们的影响
- **模式**。客户以前遇到过这种情况吗？他们是否认识到自己生活中的某种模式
- **目标**。客户是否清楚他们想要什么，而不是他们已经拥有了什么？客户可能会更容易说出自己不想要什么
- **行动**。客户愿意且能够做些什么去实现他们的目标？客户可能会发现说比做更容易
- **"此时此地"**。在会面中发生的事情和客户所描述的工作中的事情是否一致

再看一遍列表。这些挑战中有哪些是你在教练和辅导过程中用过的？对你来说，哪种最简单？哪种比较困难？

创建一份工作协议

一份明确的工作协议是一个富有成效的学习关系的基础。它描述了教练或导师如何与客户协作，从而使他们的关系有一个良好的开端。重要的是，它解放了双方，使他们把精力和注意力都集中在学习和发展上，而不是为尚未解决的问题或担忧分神。教练或导师通过公开他们能提供什么，不能提供什么，以及他们希望如何工作来树立坦诚的榜样。这有助于建立信任，营造学习的氛围。工作协议有助于：

- 与客户就工作方式达成一致；
- 澄清任何不确定性；
- 弄清楚客户的期望和需求；
- 解释你能提供什么；
- 回答客户的问题；
- 处理好合同上的问题。

罗伯特是教师们的导师：在辅导开始时，我问了客户相当多的"如

果……怎么办”的问题：如果我们谈论了一些不能保密的事情该怎么办？如果某次会面你来不了怎么办？如果我们认为辅导没有用怎么办？通过问这些问题，我让他们参与达成协议，而不是把协议强加给他们。

梅格是一位董事会层面的教练：这些年来，我明白有些事情没有商量的余地，虽然不是很多，但把这些事情说清楚是很有用的。例如，教练会面总是安排在远离客户办公室的地方，使他们免受工作的干扰，并且总是在工作时间进行，这样他们就会把教练过程看作他们工作的一部分。另一个很重要的方面是要搞清楚客户怎样才能学得最好，并要对此做出回应，以灵活多变的方式帮助他们。

下面是一个项目列表，可能包含在教练或导师的工作协议里。通读列表并记下你对每一项的反应。你会把所有这些项目都包括在一个工作协议里吗？你还想添加别的内容吗？你认为哪些项有商量的余地？哪些项没有？

现实问题

- ☐ 教练或辅导开始前的引入。
- ☐ 地点：你们在哪里见面？
- ☐ 频率：你们多久见一次面？会面的最少 / 最多次数。
- ☐ 会面时长：你喜欢什么？同意什么？
- ☐ 付款：数额？付款程序？
- ☐ 取消：没参加会面怎么办？如果客户迟到了怎么办？

工作关系

- ☐ 首选的合作方式。
- ☐ 你可能使用的工具和技术。
- ☐ 你的价值观和学习关系。
- ☐ 你所能提供的支持与挑战的平衡。
- ☐ 反馈：360 度反馈，还是其他？
- ☐ 客户如何学得最好？
- ☐ 你使用的框架或模型。
- ☐ 你的期待——客户会面之外的努力。

专业问题

- □ 你的资格。
- □ 你的经验 / 相关经验。
- □ 你的责任：法律的、对赞助人的、对你的职业或组织的。
- □ 是否存在任何可能的利益冲突？
- □ 记录：谁来做记录？谁来保存记录？保存多长时间？
- □ 督导：你自己安排。

伦理问题

- □ 一个明确的工作协议。
- □ 固定的过程性反思回顾。
- □ 保密：范围和限制。
- □ 清晰的角色边界。
- □ 如何结束。

许多人会在管理或职业角色中使用教练和辅导技术，可能也不必非得签一份正式的协议，因为已经建立了一种学习关系。然而，当教练或辅导过程采用的是"线下"模式时，不论教练或导师是内部还是外部的，签订一份比较正式的合同都是有必要的。在涉及第三方的情况下，这一点可能尤为重要。可以采用书面合同的形式，由各方签署，许多辅导和教练项目都有描述职责和边界的正式合同。正式合同（如果有的话）可以明确为出资方提供何种信息，以汇报有关辅导或教练的内容和进展。有时第三方想得到的信息比教练、导师或客户想提供的信息还多。

维持一种富有成效的关系

富有成效的教练或辅导关系能够帮助客户实现改变。无论这种关系是只维持了一次会面，还是几个月甚至几年，它都有一个开始、中间和结束阶段。在每一个阶段，教练或导师都要支持和力促客户的变化。教练或导师既关注这种学习关系，也关注客户的变化结果。每个阶段都有不同的问题，下面介绍了其中一些问题。

开始阶段的管理

教练或辅导的目标是建立一种高效的学习关系。哈利的案例说明了开始阶段的一些方面。他是一位教练，正和一位潜在客户进行初次会面。

全身心投入。教练或导师既要注意客户的言语信息，也要注意他们的非言语信息。他们要努力保持放松和专注的姿态，包括适当的眼神交流、面部表情、声调和身体向客户倾斜，而又不侵犯他们的安全空间。教练或导师要排除心中杂念，向客户保持开放心态。为了沟通他们所听到的内容，教练或导师要进行思考、重述、澄清和总结。所有这些都应试探性地进行，给予客户空间去纠正任何误解。在下面的示例中，哈利从他潜在的客户那里获取了言语和非语言的线索，并对所听到的内容做了总结。

> 哈利遇到了一位新客户，后者非常渴望得到一些教练技术的帮助，她说她的同事强烈推荐了哈利。客户满满的日程安排导致她希望在傍晚时候安排会面，因为她很难在白天抽出时间。哈利注意到这位客户不是很放松，她时不时地看手表。哈利检查了对她的故事要点的理解，并告知她的表现反映出她似乎有时间压力，包括在会面中也是如此，于是提示她多谈谈工作压力是如何影响她的。

明确界限。教练或导师会明确告知工作安排以及他们能够提供给客户什么、无法提供什么。随着谈话的继续，哈利很清楚自己的界限，他表达了真诚，也提供了其他选择，显示了对客户的尊重。

> 对于新客户希望在晚上安排会面的请求，哈利说，他知道她很难腾出白天的时间，但他只能在 9 点到 17 点之间提供教练服务。客户说她非常渴望与哈利一起工作并且愿意额外付费。哈里解释说他不能这样做，并且试探性地说也许可以在白天优先为其安排会面。不过，他也为她介绍了其他一些教练，这些教练的工作时间比他更灵活。经过考虑，客户同意与他一起工作。

整理工作安排。这包括可能用到的框架和学习过程。预期与界限也可以在此时讨论，这有助于双方建立信任，减少不确定性。此外，教练或辅导工作可以在协议安排的任何时间开始。哈利答应与客户共同制定一个可行的时间表，并明确告知作为教练自己会如何工作。

哈利解释了教练过程和他使用的框架模型。他认为，在每次会面结束时达成一致的目标和行动计划，并在下次会面开始时回顾这些内容是很重要的。他还检查了这样的工作方式是否适合他的客户。他建议每两周在工作时间进行一次教练，但客户担心会因工作太忙而无法实现，所以他们决定每三周在工作时间见一次面，先进行三个月。

聚焦问题和分清主次。教练或导师应帮助客户明确目标并将其按重要性排序，集中他们的精力和注意力，增加成功的可能性。在第一次会面中，哈利帮助客户关注了两个问题，并建议客户在下一次会面前采取行动。

哈利的客户设法整理了她的日程安排，他们在工作时间开始了第一次教练。在会面结束时，哈利已经帮助她确定了优先考虑的教练目标，包括提高她的演讲技巧和时间管理能力。他们一致认为，这两个问题可能是相关的。他们也讨论了如何合作才能帮助她实现这些目标，以及她想从教练那里得到什么。她同意在下次会面前采取一些行动。

因此，通过全面关注客户的期望，澄清边界和工作安排，找准重点和分清轻重缓急，成功的学习关系得以建立。表 2–5 包含了一些对教练和导师有用的提醒，并总结了管理开始阶段的一些重要方面。

表 2–5　　管理开始阶段：给教练和导师的一些提醒

- 我能否给予客户充分的关注
- 双方是否最大限度地参与了工作决定的做出
- 这次对客户的帮助是他所需要的吗
- 我们清楚客户对于教练或辅导的优先级安排吗
- 我们讨论保密限制了吗？是否存在可能的利益冲突
- 我介绍自己使用的框架以及我的专业背景和经验了吗
- 我们有没有谈过客户如何学习才能最好
- 我们约定时间 / 地点 / 资料保存 / 费用问题了吗
- 我们开始建立合作关系了吗？我怎么才能确认这一点
- 我有什么担心的事情吗？有没有任何未解决的问题可能会得益于督导或支持
- 我是否为客户创造了表达任何担忧或疑问的机会

管理进展中的关系

建立合作关系后，教练或导师将帮助客户做到以下几点。

- 反思他们正在做的工作——无论是在教练期间还是在两次教练间隙——并从经验中学习。教练或导师创造了一个反思空间，这在繁忙的工作生活中常常是被忽略的。这种反思可以使客户对自己的处境和他们自己有深入的了解。教练或导师要使客户直面现实，并与他们一起确定什么可以帮助他们实现目标，以及什么会阻碍他们实现目标。
- 自我挑战，确定资源，开发潜能。教练或导师帮助客户挑战自我设限和自我限制的认知和态度，支持客户发展内部和外部资源，帮助他们实现目标。
- 确定可实现的改变目标。这些目标在本质上可以有所不同。有些可能是可见的，如绩效目标；有些可能很难直观看到，如持续的态度改变。目标的价值在于其在多大程度上帮助客户达到了他们想要的改变。教练或导师会帮助客户确认和选择改变目标。
- 计划和实施有助于实现目标的行动。教练或辅导是重要的催化剂，但是实践出真知，效果的检验还是要看客户在工作中发生的改变。教练或导师会帮助客户制订现实可行的计划。
- 注意到、庆贺并强化他们的成功。教练或导师应通过强调和承认客户所取得的成绩来支持和激励他们。

在下面的例子中，教练帮助客户思考、关注优势，确定目标并采取行动。

约翰是一个非常成功的活动组织者，直到健康问题导致他再也不能开车，而这对于他的职业生涯至关重要。他把自己描述为“不行了”和“什么都干不了”。他需要一个教练来帮助他识别和开发自己所拥有的才能和资源，而不是关注自己的局限性。教练帮助他重新做出了职业选择，他们还一起计划他该如何探索这些选项，这使得约翰开始往前走而不是回头看。其间经历的一些成功增加了约翰的信心和热情，与此同时，教练也鼓励他克服挫折。虽然花了些时间，但约翰还是找到了一份令人满意的工作。

表 2–6 包含了一些有助于管理进展中的关系的问题。

表 2–6　管理进展阶段：给教练和导师的一些问题

- 作为初期教练会面的结果，客户做了什么？什么帮助了他们，什么阻碍了他们
- 客户明确改变目标了吗？做出任何行动计划了吗？试图实施这些计划了吗
- 我有没有让客户注意到他们所取得的成就和成功
- 我是否很好地平衡了支持和挑战
- 我们谈论过如何合作吗？是否存在帮助或阻碍因素
- 我会如何描述我们的工作关系？客户会如何描述它呢
- 我使用我所有的资源来帮助客户了吗，例如知识、技能、经验、人脉

管理结束阶段

在这个阶段，教练或导师会帮助客户对工作和关系做一个总结。如果会面是一次性的，高效能的教练或导师会确保在结束时有时间处理表 2–7 中涉及的相关问题。大体来说，在一个两小时的会面中，可能会留出 10~15 分钟的时间。当一段较长的关系即将结束时，结束前的准备工作可能会在几次会面中进行，或者是最后一次会面的重要组成部分。

表 2–7　管理结束阶段：给教练和导师的一些问题

- 我们清楚为什么结束、什么时候结束吗
- 我们双方都尽可能地参与到结束的决定中了吗
- 客户准备结束了吗？如果没有，我能做些什么来帮助他呢
- 我们承认客户取得的成绩了吗
- 我们是否回顾了我们是如何合作的
- 我们讨论过还有什么工作要做吗？考虑过客户会如何向前推进这件事吗
- 我们讨论了客户以后该怎么做吗
- 我们是否已经就如何处理记录达成了一致
- 客户是否有机会给自己一个好的结束
- 我能从督导或支持中受益吗

使用框架：工具和技术

框架

一个模型或框架，如果使用得当，可以提供非常有效的帮助。关于哪种框架或

模型最适合教练和辅导技术，存在很多不同的意见，但有一点是一致的，即重要的是教练或导师要清楚他们所用的方法。第 1 章中概述了一些框架和方法，其中伊根的熟练助手模型将在第 7 章中详细描述。

表 2–8 列出了一些使用框架的好处。这对你来说重要吗？你还有什么要补充的吗？

表 2–8　　使用框架可能的好处

- 传达教练或导师的价值观和假设
- 通过理论联系实际，展示方法的专业性
- 通过阐明潜在理论，展现透明度原则
- 通过讨论框架来分清彼此的责任
- 通过使用一种久经考验的方法带给人们希望
- 提供一个参考依据来确定需要做哪些工作
- 通过提供带有方向的“地图”来鼓励改变
- 聚焦关键问题
- 如果框架可以迁移到其他情境，能够赋予客户力量
- 能够指导有目的的教练和辅导对话

露西是某项大学辅导计划的导师：来寻求辅导的人都对我使用的框架很感兴趣。我会向他们解释框架的使用，使他们确信框架的作用不是为了欺骗。事实上，一段时间后，他们就会发现自己也会使用这个框架模型。我认为我的导师角色的一部分就是提供有用的工具和技术，使人们可以尝试在日常工作中使用，关于这一点，我会在一开始时就说明。

爱德华是一位人事专员兼教练：我是一名很好的倾听者，但这并不够。我使用框架作为地图，来帮助我和客户查看我们的目标，并检查我们是否在原地打转。它给我们带来了一些结构，帮助我们更有效地利用时间，确保我们始终在向前推进。

使用下列问题来帮助你选择正确的框架。

- 你了解哪些框架？

- 你使用过哪些框架？
- 你接受过有关框架的培训吗？
- 有什么证据能支持该框架的有效性？
- 哪些框架对你的个人发展产生过帮助？
- 你的信仰和价值观是什么？
- 你的背景是什么？
- 其他教练和导师有什么建议？
- 哪些框架能给客户赋权增能？

值得注意的是：框架效果的好坏取决于使用者能否恰当利用。它是一个有用的指南，而不是模板。它应该被用来帮助，而不是不必要地限制教练、导师或客户。在第 7 章的开头，我们将就框架的优缺点进行更详细的讨论。

工具和技术

高效的教练或导师知道如何使用工具和技术来帮助客户管理问题和开发他们的潜能。你可能喜欢使用你认为有用的工具和技术。然而，教练或导师应该提防过度使用自己最喜欢的方法。有一种说法是，如果你唯一的工具是一把锤子，那么你很容易把一切看作钉子。你最应该考虑的是这些工具和技术是否对你面前的客户有帮助。

第 9 章介绍了一些工具和技术，并描述了它们如何：

- 在教练或辅导会面中帮助把控节奏变化；
- 帮助被“困住了”的客户从不同的视角看待他们的境况；
- 适应客户偏爱的学习方式或工作方式；
- 使客户走出自己的“舒适区”；
- 把“外面的情况”带进教练环节；
- 使用客户潜在的优势和资源；
- 为客户提供一种安全的“排练”方式或引导其尝试一种方法；
- 帮助客户放下过去，继续前进。

了解你自己

有经验的教练或导师会非常了解自己的优势和风格，以及这些如何使客户受益。克拉特巴克在《有毒导师的 12 个习惯》（*12 Habits of The Toxic Mentor*）一书中非常正确地警告说，希望成为一个全方位的榜样是很危险的。但是，根据我们的经验，成功的教练和导师往往在某种程度上被他们的客户视为榜样。他们拥有客户欣赏、渴望或认为在自身发展中缺乏的品质或特征。正如前面章节所述，客户可能是“与教练或导师一起学习”“从他们的经验和智慧中学习”，并“通过他们的品质或特征学习”。

表 2–9 列举了一系列的特质。你最大的特点是什么？你在哪些方面可能成为他人的榜样？

表 2–9　　教练或导师的一些特质

- 支持性：不带评判的倾听者
- 挑战性：不惧怕不同意或问题
- 擅长沟通：能够确定并了解如何发展关系
- 受人尊重：受组织中 / 本行业内其他人的尊重
- 坚定自信：能够表达自己的愿望和需要
- 开放：能够接受新思想和新思维方式，以及不成熟的想法
- 开诚布公：能够传达自己的价值观，并且“说到做到”
- 有创造力：能够从侧面思考，跳出思维定式
- 出名：在组织内或行业内为大家所熟知
- 人际技能高：善于影响他人
- 有战略眼光：眼光长远
- 善良：关注他人，关爱他人
- 公平：平等待人，不偏不倚
- 适应力强：能够直面困难
- 深思熟虑：在做判断时深思而不被动

除了不同的品质，我们每个人还有不同的助人风格。表 2–10 展示了一些对比鲜明的风格，所有这些都可能在教练或辅导中有用。

从表 2–10 中选择五个最能描述你的形容词，以及五个和你最不相符的形容词。关于你的风格那些词能说明什么？它有哪些优缺点？你可以找一个熟悉你的人完成这个练习，并比较两种描述。

表 2–10　　助人风格

以任务为中心	关注点广泛
随和的	做事有条理的
领导的	跟随的
倾听的	对话的
同意的	争论的
支持的	挑战的
单独的	参与的
充满激情的	放松的
现实的	富有想象力的
计划的	生成的
质疑的	接纳的
理论的	实践的
思想型	实干型
做最好的希望的	做最坏的打算的
容易理解的	不容易理解的
即时的	深思的
评判的	不评判的
令人兴奋的	安全的

另一种了解你的特质和助人风格的方式是使用专业的心理测量工具，如 MBTI 调查表。它可以帮助你探索你喜欢与他人一起工作的程度。反思你的风格可以帮助你理解你的教练和辅导技术的优势以及你的发展领域。如下例所示。

亚历克斯喜欢思考可能性和未来，有时会忽略目前正在发生的事情。他做教练的优势之一是能够帮助客户考虑各种可能性、前进的方式以及可能发生的意外情况。然而，他知道自己必须小心行事，不能操之过急，以及必须努力关注客户目前所处的境况。

教练和导师的能力

职业教练和辅导机构正在积极建立和维护实践标准。包括国际教练联合会（ICF）和欧洲辅导与教练委员会（EMCC）在内的许多机构都制定了能力框架，作为其认证过程的基础。EMCC 能力框架描述了八个能力类别，我们会在第 6 章中对其进行详细描述。

每个类别后面都有关于行为的描述，称为能力，它们是测量每种胜任力的指标。EMCC 提供四个级别的认证，每个级别都有自己的指标，级别越高，能力越强。例如，基础层面的胜任力"对自我发展的承诺"的指标是"实践和评估他们的教练 / 辅导技能"。而大师级别的一项指标是"向同行展示自己的实践并邀请他们进行反馈"。

无论你是否有兴趣得到认证，都可以借助这个能力框架反思你的实践活动。安全高效的教练或导师会监控并发展自己的能力。这些指标描述了一些好的实践活动，有助于教练和教师进行持续的反思和发展。我们将在第 4 章和第 6 章中谈论更多关于督导、认证和自我发展的内容。

总结

在这一章里，我们：

- 帮助你澄清了从事教练或辅导工作的动机；
- 描述了进行教练和辅导工作必不可少的核心技能；
- 考虑了如何建立和使用工作协议；
- 用清单和实例说明了教练或导师如何发展学习关系，以及如何高效使用核心技能；
- 讨论了如何选择教练或辅导框架；
- 描述了使用工具和技术的一些好处；
- 邀请你评估了自己的教练或辅导的风格和品质；
- 概述了能力框架会如何支持你的发展。

第 3 章　如何做一名高效能的客户

本章的目的是，通过让你了解你能在教练会面中及会面间隔期间做什么，来帮助你充分利用教练和辅导技术。本章能够帮你更好地了解自己，了解教练或导师对你的期望，了解你可以从教练或导师那里得到些什么，以及如何得到它们。

本章首先帮你明确如何获得合适的教练或导师，以满足你的特定需求。在整个章节中，我们称你为“客户”。你可能是个人客户，与一位教练或导师合作；你也可能是接受教练的团队中的一员。你将看到你的个性偏好和学习风格会如何影响你与教练或导师的工作关系。我们将援引教练和辅导的案例来阐明差异性和相似性。本章还会解释制定明确工作协议的重要性，并概述你可以在会面中用来进行积极反思的方法。此外，本章还提供了一些培养想象力、识别资源、利用技能、制定目标和实施行动计划的例子。

请你在看到这个符号的地方反思如何充分利用教练和辅导。

找到合适的教练或导师

你需要注意的是，不同的人对教练和辅导过程有不同的描述，因此在选择时，需要注意理解教练或导师是如何描述他们的工作的，看看是否符合你的目的。

那么你是想找一位教练还是导师？考虑到自身的不同需求，你甚至可能两者都需要。职场教练通常关注的是绩效表现，可以是个人教练，也可以是团队教练。如果你是在组织内部接受辅导，那可能是由你的经理或领导来进行，而他们也可能是你的考核者。在这种情况下，你们可能需要仔细讨论日程安排，以确保其符合你们双方的期望。你也可能希望受教于一位德高望重的导师，这个人了解你的行业和组织，愿意分享经验但并不需要你归入他的麾下。你也可以请求来自组织内部或外部的教练或辅导。如果问题不仅限于具体绩效问题，或者你和你的经理之间可能存在保密性问题或利益冲突，这一点特别有用（参见表 3–1）。

表 3–1　　内部和外部的教练或辅导的比较

内部的教练或辅导	外部的教练或辅导
优势	**优势**
• 会面方便	• 可以完全客观
• 了解组织	• 易于保密
• 可以提供人脉	• 界限明确
• 了解人事状况	• 不会被打扰
• 有类似的挫折经历	• 你可以准备得更加充分
• 可能了解你所说的人	• 不容易有利益冲突
• 能够利用组织内各类资源	• 拥有其他的人脉
劣势	**劣势**
• 会面可能会被打断	• 成本可能更高
• 可能会被别人知道	• 出行 / 通勤需要时间
• 很难保密	• 需要解释你的工作
• 边界可能比较模糊，你们可能会比较随意不够正式	• 教练或导师可能不会像组织内部教练和导师那样受监督

高管教练通常是组织以外的，因此，你可能需要自己支付费用，当然你的组织也可能会为你支付。在后一种情况下，很重要的一点是明确所有各方的期待、保密的界限和沟通的渠道，并在这些方面达成共识。

当你决定了自己是找一位教练还是导师，是从组织内部找还是从外部选，下一步就需要找到那个合适的人选。为此，你需要了解自己。关于教练和辅导技术的文献强调，客户和教练或导师之间的默契很重要。了解你的个性和你在会面过程中对支持和挑战的反应方式，将帮助你充分利用学习关系。

了解你自己

你希望你的教练或导师具备什么样的特质？你如何才能达到最好的学习效果？什么样的人最能帮你培养洞察力、探索可能性、设定目标和达到成果？

想想过去你因工作问题或职业机会问题而受到的帮助。你和帮助你的人身上有什么特质，使得事情大为改观？再想想过去有没有人曾试图帮助你，但没有成功，是什么原因？是他们的原因，还是你的原因，还是两者兼有？

在下面的案例中，蒂姆经过努力最终找到了合适的导师。

蒂姆在一所城市中学教书。一位有经验的资深同事曾被指派来做他的导师。导师从不吝惜自己的时间，并与他分享了丰富的经验。但蒂姆发现，会面总是由导师指导他应该做什么。蒂姆真正需要的是一些反思空间，来谈论他的新工作中出现的一些问题和机遇。但每当他试图提出这些问题时，导师总是会采用一种善意但却无益的方式——“如果我是你……”幸运的是，蒂姆现在遇到了另一位接受过导师培训的同事，他愿意非正式地为蒂姆提供帮助，做他的共鸣板。他帮助蒂姆开动脑筋自己探索问题，并自己得出结论。虽然蒂姆依然时不时与那位更有经验的资深同事会面，但他学会了利用这些会面的机会来获得有关课程规划、作业批改和报告写作等方面更实际的建议。

所以，你是一个什么样的人？——你的个性偏好是什么样的？是什么让你信任并尊重你求助的那个人？又是什么让你觉得和他们在一起很安全？

表 3–2 中的内容将帮助你明确自己的个性偏好，并了解哪种教练或导师最适合你。尝试在“我认为我是”一栏中勾选适合你的选项。答案没有对错，只有偏好。你可以在两个选项中二选一，也可以两个都选，或者两个都不选。

表 3–2 选择教练或导师时的个性偏好

我认为我是		我想要一位这样的教练或导师	
沉稳的	外向的	沉稳的	外向的
客观的	主观的	客观的	主观的
敏感细腻的	富有活力的	敏感细腻的	富有活动的
挑战型的	支持型的	挑战型的	支持型的
参与的	分离的	参与的	分离的
冷漠的	热情的	冷漠的	热情的
活跃的	沉思的	活跃的	沉思的
直觉的	实证的	直觉的	实证的
实践型的	观念型的	实践型的	观念型的
问题解决者	倾听者	问题解决者	倾听者
控制型的	适应型的	控制型的	适应型的
幽默的	严肃的	幽默的	严肃的
想象型的	现实型的	想象型的	现实型的
有同理心的	有同情心的	有同理心的	有同情心的
指导性的	非指导性的	指导性的	非指导性的
开放的	封闭的	开放的	封闭的
公平的	正直的	公平的	正直的
当机立断的	深思熟虑的	当机立断的	深思熟虑的
坦率的	委婉的	坦率的	委婉的

当你做完之后，回到右上方“我想要一位这样的教练或导师”一栏，并重复该练习。你可能会发现你想找一个与你相似的人，或者与你不同的人。你也可以做一些心理测验问卷或清单，它们可能会提供更多关于你的偏好的信息。

客户通过与他们的教练或导师的对话了解自己。如果这种对话是有效的，那它将增加你对事物、问题和机遇的洞察力，并增加你的动机，使你做出真正需要的改变和能够达成结果的行动。一位高效能的教练或导师了解如何帮助你激励自己和相信自己。为了充分利用这种学习关系，你需要知道自己喜欢如何学习。

你知道自己喜欢什么学习方式吗？哈尼和芒福德编制的学习风格问卷表明我们每个人在学习上都有偏好。例如，当我们开始写这本书时，我们讨论了如何处理要完成的任务。可能对于我们中的其中一个来说，直接坐在电脑前打字就可以了。但对于另一个人来说，就需要先去阅读其他与该主题相关的书籍，然后才能够开始行动。科尔布和弗赖伊认为有四种主要的学习方法：反思、理论化、实用主义和行动。人们可以在这些方法之间“切换”，这被称为“学习周期”。下面的描述将帮助你确定对你来说最好的学习方法，以及什么类型的教练和辅导会适合你的学习风格。

依照你的喜好排序：

- 在实践中应用想法；
- 观察与反思；
- 体验与行动；
- 思考与概念化。

所以，你想从你的教练或导师那里获得什么：探索、讨论、实际目标、技能发展还是行动？

图 3–1 和表 3–3 显示了在学习周期的不同阶段如何使用不同的学习风格，并且将帮助你确定哪些是你喜欢和最不喜欢的风格。在思考我们如何学习时，重要的是要记住：我们不是从经验中学习，而是从对经验的反思中学习。

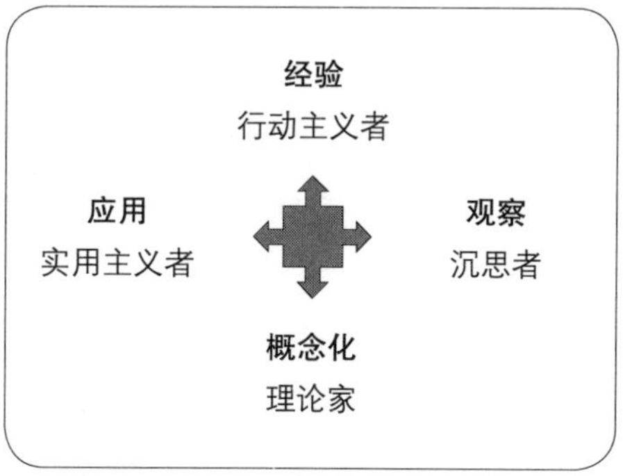

图 3–1　学习周期和学习风格

表 3–3　　不同学习风格的特点

实用主义者	**沉思者**
• 乐于把想法付诸检验	• 细心、讲究方法
• 喜欢实践活动	• 不急于得出结论
• 更多地关注任务而非人	• 不喜欢迫于压力做出回应
• 喜欢把实用技巧用于实际生活	• 可能显得有些优柔寡断
• 需要时间进行实践和实验	• 需要时间思考并考虑多种选择
行动主义者	**理论家**
• 喜欢变化	• 喜欢逻辑和思考
• 时刻准备进行实验	• 字斟句酌，而非横向思考
• 渴望行动	• 提出挑战性问题
• 快速回应	• 不崇尚直觉
• 喜欢乐趣	• 喜欢确定和客观

在与教练或导师合作时，你有机会使用这些不同的工作和学习方式。然而，你可能会发现，如果你的教练或导师与你的学习风格不同，那你们的工作关系可能会受到影响——这种差异可能是创造性的，但也可能会导致你感觉没有被理解或帮助。这里有两个需要遵从的原则：一是，了解你自己的偏好；二是，与你的教练或导师开诚布公地谈论他们的偏好，并谈论你们彼此的需要。然后，确保你们可以定期回顾合作的效果。

有切合实际的期望

教练和辅导并不能解决所有问题。教练或导师只是推动者，而不是问题解决者。你可能是带着问题来求助的，并且可能拥有足够的能力和资源去解决它。但出于某种原因，你被困住了，无法启用这些能力和资源，因此需要一些教练或辅导。这个过程将帮助你走出困境、释放潜能、达到预期结果。此外，只有帮助者和被帮助者之间的关系是平衡的，并且每个人都承担责任的时候，这个过程才会正常运作。如果对你的教练或辅导是强加的，那就很难起效。

即使它是强加的，你仍然可以选择如何充分利用它。教练或导师的责任是管理教练或辅导过程并在伦理实践框架内提供特定技能；而客户的责任是制定议程并在教练或辅导下采取行动。

教练和辅导周期中的大部分重要工作发生在两次会面之间，比如，反思上一次会面并采取相应行动，或为下一次会面做准备。为了做一位高效能的客户，你需要积极主动，而不是被动接受。当你习得了在教练或辅导过程中被证实对你有效的技能和框架时，你将逐渐成为自己的教练或导师。

海伦在市场营销部门工作。由于项目运行期间的团队关系问题，她被部门经理派去接受教练。她去的时候以为教练会知道所有问题的答案，然而她很失望。教练试图让她从团队的角度来看问题，而不仅仅是从她自己的角度。但海伦并不愿意这样做，因为当她被告知需要接受一些教练的时候，她是很抗拒的。她参与了两次教练会面，然后跟经理说："纯粹浪费时间。"

海伦的例子并不罕见。做好接受教练和辅导的心理准备是很重要的。如果这种心理准备只是别人的建议，那教练或辅导就有可能无效。但是在下一个案例中，教练却取得了不错的效果。

托尼是一位医药经理。他的老板向他建议说，教练技术可以帮助他解决在按时完成任务方面遇到的困难，在这之前他从来没有听说过教练技术。但托尼还是问了问周围的同事朋友，并决定试一试。教练来自组织内部，但和他不在一个部门。教练安排了一次介绍会，讨论了他们将如何一起工作。因此，当托尼来参加第一次正式的教练时，他已经对自己和教练有了明确的期待。他们一共进行了四次会面。第一次会面主要是托尼讲述，教练听，托尼透露了多年来困扰他的拖延症问题。他们就确定他目前的工作计划和工作的优先顺序达成了一致。在第二次会面中，教练提出了一些其他人成功使用过的方法，托尼也表示能够评估哪些可能适合自己，并在第三次会面之前进行了尝试。第三次会面是汇报所采取的行动，然后教练帮助托尼制订了一些具体可行的目标和行动计划。在最后一次会面的时候，他们评估了进展，并谈到了结束教练的问题。托尼意识到，他的拖延症是个老毛病了，改变需要时间，但他现在有信心和技能继续努力。

在这两个例子中，两人都接受了教练，但托尼是现实的、主动的和成功的；而海伦是被动的，她期待的是一个万能的魔杖，而不是一位教练！

商讨工作协议

当你决定要接受一些教练或辅导后，接下来应该做什么？你可以通过个人推荐，或者通过人脉和组织来寻找一位合适的教练或导师。但无论如何，在联系这个人之前，请先仔细思考你想要的工作协议类型，并看一看上一章中所提到的协议样本，考虑表 3–4 中所罗列的问题。根据我们的经验，重要的是从一开始就讨论这些问题，并确保你的教练或导师鼓励开诚布公地讨论所有这些方面。

表 3–4　　客户需要考虑的一些工作协议内容

工作关系方面	• 期待、结果和工作方式 • 在尊重、信任和共情方面的需求 • 学习并达成丰硕成果的需求
实践方面	• 导入会面，讨论合作事宜 • 地点、会面频率、一次会面时长 • 付款和结束教练活动的程序
专业方面	• 教练或导师的资格、经验、认证 • 教练或导师受到的督导和支持 • 教练或导师的责任：法律的、专业的、组织的
背景方面	• 第三方期待，比如赞助人 • 边界问题 • 利益冲突
伦理方面	• 保密问题 • 过程性反思、记录和记录保存 • 好的结束

你将在第 2、4、5、6、10 和 11 章中找到关于这些方面的有用信息。这些章节会告诉你，在良好的伦理和专业实践方面应当有什么样的预期。

未雨绸缪与战略思考

“战略思考”意味着提前思考自己的工作或职业生涯。这可能意味着确定一个愿景，比如你想在一年、两年、五年或十年后成为什么样的人。教练或导师可以帮助你关注现在和未来。他们有责任帮助客户不断拓宽视野，而不是陷入日常工作生活的琐碎中。

你对未来有什么规划吗？

你觉得五年后你的生活会是什么样子？

你有没有在他人的帮助下明确你的价值观和目标？

最成功的公司和组织总是会不断解决这些问题。最成功的人也会这样做——与教练或导师一起。

充分利用教练和辅导技术带来的好处，将是你个人和职业发展整体战略的一部分。这样，你将成为自己生活的主导，而不是让工作主导你。只有通过反思回顾会面中发生的事情，并为下次会面做好准备，才能最大限度地从教练或辅导中受益。

大卫接受导师辅导已经三年了。他是一名医院顾问，但他觉得工作压力有时实在太大，总有各种不断变化和没完没了的目标。作为一名资深医生，他不想向医院内的任何人吐露心声，因此他加入了一个行动学习小组，并得到了与导师一对一学习的机会。他们每三个月见一次面。大卫决定每次见面的议程，确保在两小时的辅导中有一半的时间用于解决眼下的问题，另一个小时用来探索更长远的问题，如他理想的未来是什么，以及如何在实践中实现它？

主动

作为客户，你最好能为你的教练或辅导会面设置议程，并允许你的教练或导师来推动它。如果你需要在特定问题上获得帮助，那你可能会希望你的导师或教练在此过程中较为积极，包括帮助你模拟一个有问题的特定场景，或者练习一种特定的技能，如自信。总之，在与你的教练或导师见面之前，先确定你想要什么，然后与其讨论会面将如何解决你想要的。确保你们之间的工作协议可以对进展情况和工作关系的动态变化进行持续的评估，你们也可以利用每次见面的最后几分钟谈一谈各自的感受，已经达成了什么，什么是有帮助的，以及什么产生了阻碍。然后，你们可以确认下次会面的目标和时间。下面是一些反映客户积极主动的例子。

萨拉是一名电信公司的管理员。她总是带着一份书面清单来参加教练会面，上面按优先顺序列出了她需要帮助的事项。

比尔是一家石油公司的销售经理。当他处理完工作中遇到的难题时，总是会利用从中获得的经验来提高自己在其他领域的判断力和技能。因此，当他结束会面坐进车里的时候，他总是会对着录音笔总结会面内容，然后再开车离开。他希望在被下一轮的销售工作淹没之前尽可能记录下学习内容。

帕特是一名社会工作者，她坚持记录反思日记。每次来到会面地点后，她都会打开日记，并从中挑选一些特别重要的事件。

马丁在IT行业工作，喜欢随身携带书面报告和文件来进行反思。他总是把教练过程中的重点以要点的形式记下来，以便下次会面的时候回顾已经采取的行动。

克里斯汀是一位讲师，希望能有独处的时间。她不想再借助文件或报告来学习，她在学校里的工作让她已经受够了那些东西。但她总是给自己30分钟的安静时间，为接受一位资深同事的辅导做准备。

想想你曾经被别人帮助的时候。想想是哪些因素帮助了你？如果你现在去参加教练或辅导，你会积极做些什么来争取主动？尝试想出三种有效的方法。思考：你的时间、你通常的思维方式、你打算如何学习、如何为会面做准备，以及在会面之间如何采取行动。

从帮助与挑战中学习

任何有效的学习关系都会在支持和挑战之间取得适当的平衡。如果你阅读了上一章，那你会知道教练或导师在提供这种组合的时候，会以一种让你感到更有力量，而不是压制或过度保护的方式。每个人想要和需要的支持或挑战的程度是不同的。我们的需求在工作生活的不同阶段也会有所不同。以伊萨克为例，请思考一下这个问题。

伊萨克已经移居国外，并且谋得了一份工程方面的新工作。所有来自海外的新入职员工都被推荐参加导师辅导，伊萨克也很高兴能得到这种支持。一开始与导师见面的时候，他感到非常孤独，因为他离开家人来到了一个新的国家工作。虽然他在本国已经小有成就，但他却感觉在新的环境中无所适从。他的导师非常善解人意，给了他足够的空间来谈论自己的感受并且给予了热情的支持。伊萨克松了一口气，在当前阶段，这正是他想要的。还有一些人给他提供了一些技术上的帮助。起初，他与导师每个月会面一次。三个月后，他说自己已经得到了充分的支持，现在想要寻求一些建议，来确认自己是否应当寻求某一研究机会，从而使事业更上一个台阶。于是，他的导师变得更加积极，并帮助伊萨克挑战自己的成就。这个阶段的辅导是非常有效的，但有时候也会遇到困难。伊萨克说，他从中受益很大。如果没有足够的支持和帮助，他会抗拒太多的挑战，如果帮助太多而挑战太少，那他也不会挑战自我来使事业更上一个台阶。

思考一下你在支持与挑战方面有哪些偏好。你是更想要挑战，还是更想要那种能让你挑战自我的支持？你会如何寻求适合你的挑战？如果你的教练或导师没有把握好这个平衡，你会怎么办？

使用反思空间

教练和辅导最重要的好处之一是，使我们能够在忙碌的工作和生活中，通过教练和导师提供的反思空间进行反思。起初，你可能会感到不舒服，因为当你把自己的经历讲出来，想和教练或导师讨论一番时，他们却保持沉默。但这种沉默却有助于你探索自己的想法、感觉和经验。当然你也可能会回避这么做，因为尽管非常有效和有益，这种情况还是非常具有挑战性、令人不舒服的。一位好的教练或导师永远不会让你谈论你不想说的事情。他们将帮助你决定你真正想探索什么。

一些客户会通过岔开话题或使用幽默来打破沉默。然而，如果你能真正感受到教练或导师的专注倾听，你就能与自己的内心声音对话。那些被日常生活的纷繁压抑进潜意识中的东西，此时会慢慢浮现。你要学着倾听自己。就幸福感而言，这是非常有益的。它会使你放松，使你的呼吸变得更慢更深，脉搏减慢，然后你可以倾听自己的愿望、需要、问题、困惑、机会以及梦想。有些人会在每天早上花 10 分钟做这个练习，作为专注于这一天的方式。如果你不习惯这样做，那在每天的某个时候尝试一下也是值得的。这样一来，当你与教练或导师会面的时候，你就可以更有效地利用反思空间。这段特别空出来的时间不仅使反思得以实现，还提高了会面的质量。

- 如果你打算寻求教练或辅导，你会如何最好地利用反思时间呢？
- 你在生活中已经做了哪些类似的事情？
- 这样做可能会有哪些困难呢？你希望你的教练或导师在帮助你的时候具有哪些品质（例如，在你思考的时候，不要有太多的沉默，或者不要打断你）？

你的教练或导师会使用语言和非语言的沟通技巧来支持你的思考和探索。他们会根据你的话做出反应，包括提问、提示、澄清、挑战和总结。他们将帮助你充分探讨你希望讨论的问题、困难或机遇，并帮你分清它们的主次。然后，你可以就这些方面制订可能的推进计划。为了从这个过程中受益，你必须相信你自己和你的教练或导师。你还需要做到开放和坦诚，以便你们能够建立起一种双方都对结果承担责任的学习关系。不适当的依赖或过分自主都是不可取的。相互帮助和依赖才能带来好的结果。

罗莎琳是一名公关顾问，每次都要为自己的迟到道歉。她经常气喘吁吁地坐下，然后解释说没有时间思考今天想谈的话题。需要讨论的话题也没有被分清优先顺序，因此她总是漫无边际地说一大堆。然而，教练通过提问、提示和总结等技能帮助她意识到了需要改变的最重要的问题，那就是她需要更有策略地推销自己。教练帮助她制定了具体的目标，以及现实的行动计划。她永远不可能自己做这些事，因为她倾向于“活在当下”，并为此疲于奔命。预先安排的教练迫使她停下来反思。正是这带来了变化。在第一个教练周期的六个月内，她实施了自己的营销策略，工作进展很稳定。

培养你的想象力

客户之所以渴望寻求教练或辅导，往往是因为他们感觉遇到了困难。他们可能缺乏想象力来发现前进的可能性，从而扼杀了自己的潜力。高效能的客户会愿意通过教练或辅导会面来培养想象力，尤其是通过“假设情景”练习。有些人天生就对想象和直觉有偏好，而另一些人却觉得这比较困难。但无论如何，所有人都可以从鼓励创造思维的教练和辅导中受益。

陈先生是一位财务经理。他在目前的岗位上已经工作了好几年，颇受尊重和信任。他申请了另一个地区的一份令人兴奋的新工作，并得到了它。但如果换工作，他就会失去自己精心建立起的一切人脉。他有一个星期的时间来决定是否接受这份工作。为此，他四处咨询同事和朋友，来权衡利弊。然而，他还是无法做出选择，于是他向一位导师求助。这位导师很了解他目前的工作，并（相当直接地）说：“要么现在就接受那份工作，要么就留在这里，慢慢等死。”然后导师邀请他充分发挥想象力。他脑海中所描绘的情景使他确信自己应该接受这份工作，于是他就接受了。这也许是他人生中最好的选择。他所离开的那家公司在经历了一系列混乱的重组后江河日下。

格雷格刚刚取得教师资格，并与导师进行了一次会面。他即将开始他的第一个教学岗位，但他不确定这份职业是否真的适合自己，他希望导师能够帮助自己理清职业抱负。他正在考虑的另一个选择是餐饮行业，因为他在餐厅业有熟人。在听了他的故事和他对教学工作的疑虑之后，导师让他闭上眼睛，尝试慢慢深呼吸，然后放松。当他感到放松时，他必须告诉导师。格雷格这样做了。然后导师请他想象自己五年后在教室里教书的样子。导师说：“当你脑海中有一个画面的时候告诉我，并告诉我你看到了什么。”格雷格说：“我看到一位老人，在桌子前弓着身子，在书上写写画画。”然后导师帮助格雷格在这个画面中填充一些细节：老人穿的是什么？他有哪些想法和感受？学生们在做什么？在完成想象后，导师小心地让格雷格把思绪带回到房间，然后睁开眼睛。他提醒格雷格，现在回到了办公室，他是新任合格教师格雷格。导师设法让格雷格明白，他现在是多么年轻和精力充沛，和他描绘的那个五年后的画面有多么不同。他问格雷格对自己想象的那个画面有何感想。格雷格说：“我一想到那个人可能是我就感觉好可怕！”然后他们做了同样的练习，看看格雷格五年后在餐饮行业会变成什么样子。一个完全不同的画面出现了——一位充满活力、雄心勃勃的年轻人正在走向成功。情况越来越明确，格雷格决定接受他的教学岗位，但会在试用期后离开，去追求他的餐饮事业。在仅有一次的辅导会面中，格雷格通过巧妙运用自己的想象力，做出了职业决定。

你会注意到想象力有多么强大！当然重要的是，这些练习应当是安全和符合伦理规范的。你可以通过阅读第10章来检查你的教练或导师是否在依照这些安全和伦理规范工作。头脑风暴技术可以使你在尽可能短的时间内产生尽可能多的想法，这在教练和辅导中非常有用。为了使它们充分发挥作用，你可以自己练习——例如，“如果我中了彩票，那么……”当客户放松的时候，想象是最有效的，因为那时客户可以关注可能发生的事情，而不是已经发生的事情，不会受“但是”或“应该”的困扰，而是专注于自身的愿望。如果你是一个总是担心“是，但是……”的人，那你将从中学到如何将它变为“如果……就太好了”。

- 你的想象力丰富吗？
- 你是否觉得很容易想象“可能是什么”，而不只是看到“现实是什么”？
- 你是否倾向于说“是，但是……”而不是“如果……就太好了”？
- 你更倾向于哪种表达：“你想要……”还是“你应该得到……”？

识别你的资源并聪明地工作

教练和辅导都是为了释放潜能和达成效果。为了做到这一点，你需要识别你的资源。说起来容易，做起来难！教练或辅导的过程将帮助你更好地了解你未利用或未充分利用的资源。其中一些是你自己的，还有一些是你身边一同工作和生活的人的，以及一些组织或结构性的资源。

首先，想想你将带到教练或辅导过程中的个人资源。例如：能量、激情、动力、勇气、耐力、坚持、机智、技能、知识、经验。

其次，想想你可以向周围的人求助的资源。例如，他们的时间、他们的技术、他们的人脉，以及他们的经验。

最后，思考一下你工作场所的资源：环境、组织架构和流程。不要忘记时间是一种经常未被充分利用或被滥用的资源。

如果你能够发现和利用自身和他人的资源，那你工作起来会更有技巧，也会更有成效。希望你能在工作中得到他人的帮助，学到他们的知识和技能，从而开辟更多的可能性，这样你在实现目标的路途上就不再是孤身一人。

玛丽安之所以约见教练，是因为她想在她工作的连锁超市给高层管理人员留下更深刻的印象，她在那里工作了 10 年。眼看着年纪相当的男同事们在晋升的竞争中超过了她。她做错了什么？她希望教练能告诉自己是什么阻止了她被晋升。教练则建议她去挑战自己未使用的资源。她意识到自己没有积极主动地去争取升职，在为超市开发项目时，她很好地利用了自己的技能和资源，但在争取晋升方面，却没有这样做。她还记得自己在前一份工作中备受瞩目的情况。那时，她认识该组织的高级领导，也找到了在董事会层面展示她的工作方法；她还在一本国家级出版物上发表了文章，并会定期去找她的直接上司汇报她自愿领导创新项目的想法。在进行了几次教练后，玛丽安再次尝试了上面的某些方法，并与她的教练通过头脑风暴讨论了其他策略。教练给了她一些关于决断力的阅读材料，并与她一起练习了一些演讲技巧，玛丽安也在工作中实际尝试了这些技巧。她找了一些值得信赖的同事，并征求他们对她的新的、更显眼的工作风格的反馈。然后她把这些反馈意见带到了教练那里。在与教练一起讨论后，她修改了行动计划并继续尝试。最终，她开始积极地向未来迈进，不再陷于日常工作事务中。

制定目标和行动计划

目标和行动计划是教练和辅导过程中有意识的活动的组成部分。一些绩效教练期望客户能够在每次会面开始之前都想好他们该次会面的目标。然后工作重点就是实现这一具体目标。在辅导过程中，关注点有可能很宽泛，可能在每次会面中都没有一个特定的关注点。然而，澄清一些问题还是会有帮助的，如“我期望从这次会面中得到什么？”以及“我怎样才能确保自己得到它？”你会在第 7 章和第 8 章中看到设定目标和行动计划的例子。我们还建议你考虑制定一个有关每次会面的目标或行动计划。这些可能与你想要的思维、感觉或行动方面的改变有关。

目标最好表述为一个具体的结果，而不是一个模糊的意图声明。你可以在离开一次辅导会面的时候说“我想要获得更好的工作与生活的平衡”。但作为一个具体的目标，你应该说：“为了实现更好的平衡，我将每天都在一个固定的计划好的时间停止工作，并且每天晚上都要在孩子们上床睡觉之前陪他们一个小时。”一个具体的目标应该是 SMART 的：具体的（specific）、可衡量的（measurable）、能达到的（achievable）、相关的（relevant），并且在一个时间框架（timeframe）内。目标有助于做出改变，而改变则会带来成果。你的教练或导师会帮助你制定符合你的价值观的现实且有意义的目标。他们还将帮助你发展实现目标所需的技能，以便你能更有效地行动。

发展技能，做出改变，取得成果

本章在开始部分讨论了对教练和辅导的预期，然后关注了如何运用你自己的个性、偏好和资源来提高教练或辅导的效果。教练与辅导的结果可能是实现了改变——不管是小的改变还是大的、生活方式的改变，也可能是你学习了新的技能和新的思维、感觉或行动的方式。这些将使你能够通过自身努力把你的愿望和梦想变成现实。为了学习这些技能，你需要带着一种开放的心态去学习，你需要练习并获得反馈，你还需要监控你的进步——所有这些都需要你和教练或导师密切合作。

总结

在本章中，我们：

- 帮助你了解了如何做到积极主动，以充分利用教练和辅导；
- 提供了自我评估问题，以提高你作为客户对自我需求的认识；
- 激发了你的思考，尤其是在个性偏好、期望、限制、知识、经验、资源和工作环境方面，如何与教练或导师获得最佳匹配；
- 举例说明了有效的工作协议应包含什么内容，并说明了如何与新教练或导师讨论这个问题；
- 通过一些案例说明了客户可能遇到的问题，让客户有机会思考在类似情况下应当做什么。

COACHING AND MENTORING AT WORK

Developing Effective Practice

Second Edition

第二部分

教练和导师的发展

第 4 章 反思性实践和督导

在第二部分，我们将关注教练和导师的发展。在第 4 章，我们会看到经验、反思性实践和督导有助于导师或教练的成长发展。第 5 章是一个互动的案例研究，并提出了一些用于反思实践的问题。第 6 章讨论了培训是教练与导师发展的一部分，并仔细探讨了专业网络和认证的价值。

发展

发展是教练和辅导工作的核心。为了帮助客户，教练或导师需不断反思自己的实践。通过这样做，他们能够对自己的能力水平有一个更准确的认识，从而发展和监控自己的能力。

霍金斯和史密斯在 2006 年确定了有效实践的三个重要因素：

- 胜任力：使用技能或工具的能力；
- 才能：在正确的时间和地方，以正确的方式使用技能或工具的能力；
- 实力：是一种品质，而不是一种技能，更多的是“你是怎样的”，而不是“你做了什么”。

为了发展这三个要素，你不仅需要接受培训，还要有与客户一起工作的经验。反思经验是很重要的，不仅在事后，还要在它发生时。反思是很有价值的，特别是当你不是一名全职教练或导师，但在工作中会用到教练或辅导技术时。如果是这种情况，那么正式的督导可能就不合适了。然而，花点时间反思使用这些技术的过程，例如，在一次行动学习或一次共同辅导或共同教练活动中可能会很有益处。发展可以通过许多方式进行。下面的例子说明了两种不同的方式。

作为一名管理人员，雪莱有时需要去教练员工。她非常喜欢这方面的工作，但在保密性和利益冲突方面遇到了困难。在她的角色中，她既要支持员工，又要确保他们达到很高的绩效目标。她的一些员工给她的反馈是，辅导太匆忙、太直接。对此雪莱感到很沮丧。她进行了反思，然后决定为自己的工作寻找一些督导。令她惊讶的是，她发现这么做极大地提升了她的自我意识，并使她能够更加自信地处理与员工之间的困境。她的督导者告诉她一些培训机会，这使得她已经开始争取获得教练证书。她非常喜欢定期与其他教练会面，并对教练的职责有了更广泛的了解。

戈登是一位医生，他参加了导师发展项目。他很喜欢这个项目，并开始了学习。一年后，戈登参加了一个随访日活动，在那里他遇到了其他的导师，并了解到一些导师培训方案。他影响了一些关键的利益相关者，为他所在医院的医疗顾问们提供导师培训资金。他以引导师的身份帮助他们完成这些课程。同时，他还对医生对辅导的态度进行了研究。他希望能够利用研究结果来影响他所在的医院支持导师培训方案。此外，戈登还进一步推动了导师培训方案，并成立了一个导师培训小组。这些导师，包括戈登，组建了一个支持小组，在那里他们可以练习技能和技术，与最新的理念保持同步。

阅读表 4–1 里的检查清单，它阐述了六个方面的发展，如图 4–1 所示。思考以下问题：

- 你现在在以哪种方式发展？
- 什么会促进你的发展？

表 4–1　　教练或导师的发展：检查清单

- **经验**。你有做教练或导师的经验吗？有什么方法可以扩展你的经验？你有做客户的经验吗？当你有需要的时候，你会寻求一对一的支持吗
- **反思性实践**。你有没有在会面前后反思你们的实践？你是教练或导师支持小组的一员吗？ 是行动学习小组的一员吗

续前表

• **督导。**你接受督导了吗？多长时间一次？你充分利用它了吗 • **培训。**你参加过哪些教练或导师培训？未来什么样的培训将有助于提高你的能力？你希望参加一个可以获得学术和 / 或专业认证的培训课程吗 • **专业网络。**你是教练或导师组织的成员吗？你能成立一个兴趣小组吗？ 为了跟上当前的发展趋势，你会参加会议和业内活动吗 • **认证。**你取得国内或国际的教练和导师组织的认证了吗？或者你正在寻求他们的认证吗？这些组织是否旨在促进教练和辅导过程中的伦理准则和管理标准

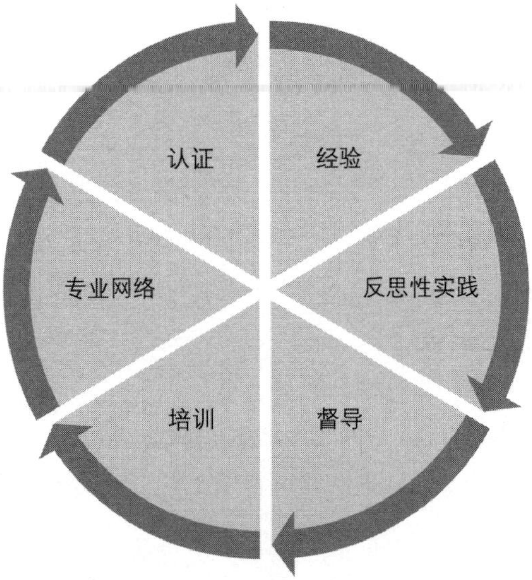

图 4–1　发展的六个方面

经验

我们对参加教练和辅导课程的学员说："你带给客户的最重要的东西就是你自己。"这个"自己"包括自己的天赋和能力、价值观、个性、态度、对不同类型的人和关系的体验，以及有关不同组织和工作环境的知识。我们认为，这种独特的知识和经验的融合是你从一开始就带到教练和辅导之中的。在工作中，同事们可能会向你寻求非正式的帮助和指导，或者你可能有一个更加正式的教练或导师的角色。无论哪种情况，问问自己以下问题总是有用的：

- 为什么这些人会向我求助？
- 我可以为他们提供什么？
- 在哪些情况下我感觉自己最能胜任，又在哪些情况下，我觉得自己无能为力？
- 什么可以帮助我更有效地回应他们？
- 我可以信任谁来帮我回顾我的经验？

一旦你问了并解决了这些问题，你就开始成为一位反思实践者。

苏是一名中学高级教师。作为高级教师，她被要求去辅导一位初级同事，这位同事在管理班上某些学生时遇到了困难。苏花了很多时间去听那些调皮捣蛋的学生的故事，但每当她试图帮助这位同事关注自己对这些学生的反应时，他就会改变话题。她开始感到很无力，不想再与他合作，但是她也知道作为员工的导师，这是她职责的一部分。

如果你是苏，你会怎么做？

苏很幸运，她能和一位信任的同事讨论这件事。她开始意识到，所有有助于改进的实用的建议都没有被采纳，因此她需要退一步，在试图敦促他采取行动之前，先更有同理心地倾听他的故事。这使得她在做辅导时更加放松了，在帮助这位同事制订行动计划之前，苏充分地倾听了他的焦虑和恐惧。她学会了如何做一名导师，而不是一名教师！

反思性实践

有效的实践是反思性实践。反思性实践包括一个不断循环的准备、与客户会面，然后对教练或辅导工作进行反思和督导的过程。这种反思可能涉及其他人，例如提供非正式反馈的人、与你有正式工作协议的上司，或同级督导小组（见图 4–2）。

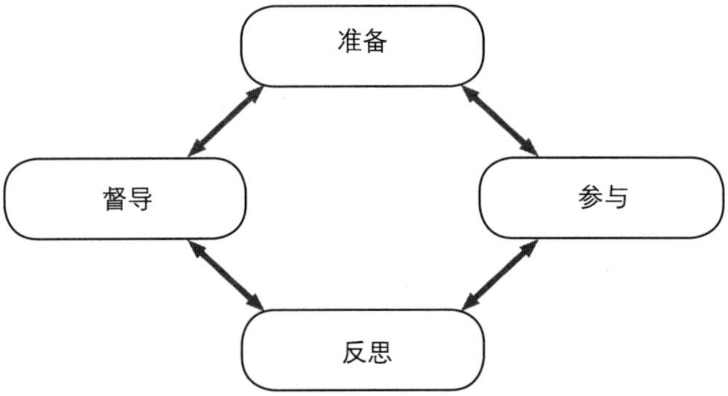

图 4–2　反思性实践的四个阶段

准备：行动之前的反思

准备可能涉及大量的活动，其中包括：

- 扩展你有关教练和辅导技术的方法和模型方面的知识；
- 学习恰当的工具和技术；
- 参加持续专业发展的工作坊；
- 了解客户的组织或工作背景；
- 确保你已经考虑过在伦理上如何与客户合作；
- 思考客户可能希望和 / 或需要从你那里得到什么；
- 意识到自己存在的局限和弱点；
- 了解自己的长处，以及如何利用这些长处为客户服务；
- 了解赞助人或经理对你的工作有什么期望。

劳拉已经意识到在辅导会面之前做好准备是多么重要。在与客户第一次会面之前，她准备了如何介绍自己，以及如何与客户协商工作协议。如果客户是被组织“安排”来的，那她会在与客户第一次会面前仔细考虑所有问题，包括部门经理、赞助人、客户和她作为教练之间可能存在的期望冲突。她会在心里阐明自己在保密性方面的立场，并演练如何与客户讨论这一点。此外，她还预先想好了如何处理记录、录音，以及如何付款等实际问题。

伊万在自己的组织里为一位客户提供辅导。几个月来他们一直定期会面，以便伊万能够分享他作为高级领导者的经验。但伊万认为他们并没有取得太大的进展，并因此决定求助于导师支持小组。在小组中，他和同事演练了他准备应用于客户的一些对策。在接下来的会面中，他使用了创造性的问题，帮助客户将注意力从问题转移到了解决方案上。在会面结束时，他们都感到更加积极、更加有动力。

在准备与客户一起工作时要解决以下这些问题：

- 我认为客户想从我这里得到什么？
- 与这位客户一起工作，我需要具备哪些知识？
- 我需要哪些个人资源？
- 是否有什么边界或保密问题需要解决？
- 我需要什么技能和工具？
- 在与客户会面之前我需要做什么？
- 我想与这位客户一起实现什么目标？
- 在我和我的客户身上，什么会起促进作用，什么会起阻碍作用？

参与：在行动中反思

反思性实践的核心是在与客户会面时，有与客户充分交流并在会面过程中进行反思的能力。但是你会反思什么呢？

让我们先从能力开始，换句话说，你是怎样与你的客户相处的？我们之前说过，你带给客户最重要的东西就是你自己。你与客户相处的质量将产生重大影响。

你在会面中越专注，客户的参与度就越高。这种专注涉及对自我和客户的意识、对双方之间空间的意识，以及对关系发展的意识。要做到高度专注，你需要：

- 在整个会面过程中保持专注、有理有据和警觉；
- 把所有的注意力都集中在与客户言语和非语言的交流上；
- 在给予客户充分关注的时候，注意任何限制或分散你注意力的东西；
- 注意你从客户那里得到了什么，以及你又回应了什么，或者相反，你错过了什么；
- 关注你和客户的思维、感觉和反应模式；
- 注意你们之间关系的动态发展；
- 反思在教练会面中发展的关系与客户所说的其他关系之间是否有任何相似之处；
- 将你观察到的这种相似之处快速恰当地运用到工作中。

你的正能量能够使你很好地与客户会面、接触，影响、激励和改变他们。一位一流的表演和声音教练谈到了如何使用能量来建立联结。

> 你的能量是汇聚到一起的，它指向你所关注的对象，并触摸它，然后从它那里回收能量。你居住在一条双向街道——你伸出手去，触摸你体外的能量，然后从中接收能量。你在发出也在回应能量……此时、此地，一个瞬间到下一个瞬间，你都在给予和获得。给予和获得在那一刻是平等的。你是在接触和影响另一个人，而不是把你的印象或你的意志强加给他们。你通过让他们影响你来影响他们。
>
> 罗登伯格

为了能以这种方式出现，罗登伯格建议你要有意识地：

- 感觉你的身体属于你自己，感觉地球就在你的脚下；
- 感觉你的呼吸是舒适的、透彻的；
- 明白你的讲话能打动听众，他们也能听进去；
- 注意别人身上的细节——他们的眼睛、他们的情绪、他们的焦虑；
- 好奇但不评判。

玛莎：在客户到来之前，我会先在椅子上坐 10 分钟，“删除”当天生活中发生的一切，把精力集中在我要会见的人身上。我会闭上眼睛，深呼吸，听我的身体逐渐放松。我注意到我的肌肉放松了，脑海里的噪音——比如“工作还未完成”或“文件栏里还有任务”也渐渐消失了。随着噪音消失，我感觉到了一些空间，此刻我开始关注我的客户：他今天会带来什么；关于上次的会面我还记得什么；我认为他今天想从我这里得到什么；我又能给予他什么；我怎样才能确保，无论客户或他的材料有多棘手，我们都能够建立联结，都能真正地遇见对方。

现在，让我们看一些教练和导师的经验，反思他们与客户充分互动的能力。

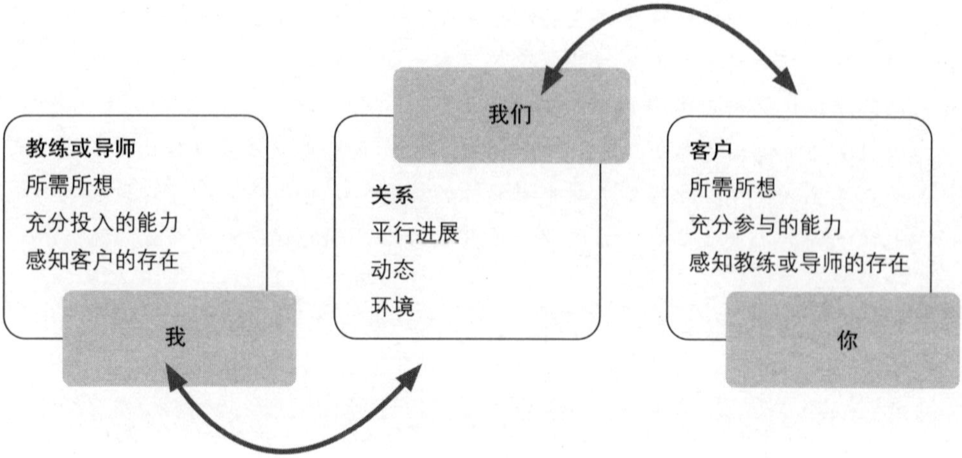

图 4–3　动态参与

哈尔是一位经验丰富的导师，他很了解自己的客户。他们在一起工作已经有一段时间了，而且他们的工作关系很有成效。受客户积极投入的激发，哈尔在会面中也总是激情满满。但在这次会面的一周前，哈尔听到了一些坏消息，他不知道是否应该取消这次会面，因为他觉得自己与客户一起工作的能力可能会受到影响。然而，他决定继续下去，他不想让客户失望，毕竟已经约好了时间。那天，哈尔很累，他发现自己很难集中精神。他也注意到，这使得他更倾向于向客户发号施令，而不是真正倾听、允许客户自己得出结论。当时的气氛有点紧张，就像谚语里说的“房间里的大象”——大家都注意到了，但却没人愿意说破。随着谈话的进行，他也想过是否应该道个歉，告诉客户为什么他今天不在状态。但他决定不这样做，他不想让自己的问题烦扰客户。会面以友好的方式结束，但没有达到通常的联结水平。导师的能力水平深深地影响了客户在会面中的能力。

如果你是哈尔，你会对这次会面做何反思？根据你的反思，你会怎么做？你会依据什么原则来决定是否向客户披露个人信息？

玛雅是一名高管教练。她说道：“我对教练关系的动态发展一直很感兴趣，我使用心理动力学和沟通分析理论的知识来帮助我理解是什么影响了我与客户的联结水平和参与程度。这些知识帮我注意到，我什么时候会对客户告诉我的关于他们在工作中的关系产生共鸣，例如，一位客户谈到，他的老板希望他作为领导更具战略性。随着教练的深入，我意识到我对他很失望，他似乎总是在滔滔不绝地讲一些操作细节，而不愿意深入了解全局。当我意识到这一点后，我决定告诉他我的感受：'特雷弗，我想与你分享一些我所注意到的，我们之间正在发生的情况。你提到你的老板对你的战略能力并不是很满意。我在教练中也注意到，每当我们有机会展望公司发展的更广阔的蓝图和战略方向时，我们似乎就会退回到讨论日常琐事上去。这让我很失望，我们似乎无法前进。我想知道我在这里的体验是不是反映了你和你的老板之间的情况？'"

玛雅有足够的知识和信心去了解教练关系和工作关系之间的相似之处。她能够立即对这一洞见做出反应，而不仅仅是事后进行反思，其结果是，客户对教练的参与程度加深了。那怎样才能帮你发现并处理这些洞见呢？

梅尔的导师很能干，以至于在今天这个特别的日子里，极大地改变了梅尔——从会面开始时的沉重到结束时的乐观。通常精力充沛的梅尔，在那天早上到的时候感到非常无力，因为他被告知自己将在下一轮裁员中失去工作。不知怎的，这种沮丧引发了他记忆中的其他伤痛，特别是几年前他父亲的去世。梅尔倾诉了他所有的失落、愤怒和被遗弃的经历。他的导师意识到，如果自己不把注意力和精力放在梅尔身上，那他也可能会陷入所有这些痛苦之中而使辅导停滞。他做到了这一点，他使用了一些比喻，如"被当头一棒"和"黑暗的空间"，使梅尔觉得导师在与他并肩前行。这两个第一次见面的人之间建立起了信任。会面结束时，两人之间产生了真正的联结感，并感受到了彼此的能量。梅尔的无力感转化成了"重启"工作的愿望，并且积极期待在下一份工作中表现出最好的状态。

如果你的客户有类似梅尔的问题，你需要对自己有什么意识？你有没有什么个人经历会让你分散注意力？当别人痛苦的时候，你能保持积极乐观吗？当你和客户面临这种失落和被抛弃的感觉时，你如何保持房间里的能量平衡？

与客户会面时，可以反思以下问题：

- 我的客户今天想从我这里得到什么？
- 关于我的客户，我注意到了什么？
- 我该如何处理我注意到的情况？
- 客户会注意到我的什么？
- 我对客户有什么积极或消极的想法和感受吗？
- 这些想法和感受是否告诉了我，在会面之外，客户是如何与他人相处的？
- 如果我在会面中有这种意识，我该怎么处理？
- 我有没有过于指手画脚，过于强势，过于放松，过于挑剔，或过于放任客户？
- 对此我能做些什么呢？
- 我今天的精力如何？客户呢？
- 我错过了什么呢？
- 我是否一直关注了时间、边界和结果？
- 我如何保证客户在会面结束时有具体的行动计划？
- 我如何帮助客户在会面结束时感觉到被支持、被肯定，从而坚持下去？

反思行动：会面后

舍恩（Schön）对我们探讨的关于反思性学习的观点，以及“在行动中反思”和“反思行动”之间的区别，做出了重要贡献。在前面的部分中，我们重点讨论了教练或导师如何通过全身心投入来反思与客户在此时此地的处境。但这还不够，会面后，教练或导师还需要反思会面过程中的行动，包括双方的行动以及双方之间的关系。这些可以单独去做，可以借助一个反思性实践日志或工作簿，也可以通过海所说的“研习者自组共修会”，与同学或同事一起反思。当然，最好是和督导者一起反思。我们将在下一节更全面地讨论督导的作用。

在会面结束后立即花时间来反思发生了什么是很有帮助的。一些教练和导师会对会面录音，但这是在征得客户同意的情况下进行的，而且他们也是有保密意识的。首先要做的是让自己广泛地反思，注意哪些方面是最容易想起的，然后通过一些提示来回顾当时发生的其他情况。要做到这一点，我们的助记符号——REFLECT——是非常有帮助的。

康纳和波克拉的 REFLECT 助记符号包括：

- 资源（Resources）：双方的胜任力和才能；
- 期望（Expectations）：双方想要和需要的是什么？
- 事件流（Flow）：在这种关系内正发生着什么？
- 限制因素（Limitations）：是什么阻碍了进展？
- 体验（Experience）：会面中双方的体验如何？
- 内容与背景（Content and context）：会面是否恰当、可管理？
- 时间、结果、行动（Time，outcomes，action）：时间是否明确，行动是否已实施，结果是否有价值？

你也可以使用一个更加结构化的反思实践日志或问卷。表 4–2 给出了一些实习教练和导师使用的例子。

表 4–2　　用于反思性实践的日志

会面日期：	会面时长：
1. 客户想要和需要你做什么 2. 你想要和需要客户做什么 3. 你是怎么开始的 4. 你用的是什么方法 5. 你尝试使用了什么技能和 / 或工具吗 6. 你是如何结束教练或辅导会面的 7. 你认为你在哪些方面做得很好？其他人是如何从中受益的 8. 现在回想起来，你希望自己当初做的有什么不同吗 9. 你现在需要练习、研究或复习什么 10. 现在你已经对这次会面做了反思，你会如何描述你的教练 / 辅导风格	

接下来，我们将更深入探讨督导是如何在我们的反思性实践的四阶段模型中关闭循环的。作为教练和导师，无论我们多么富有洞察力，我们都会有自己的盲点，所以我们自己的反思性实践永远是有局限的。我们不仅需要自我督导，还需要寻求外界的督导，以确保我们的反思能够在不同视角的协助下取得新的学习成果。

督导

作为教练或导师的工作是刺激、富有挑战性且要求很高的。督导和支持能够为教练或导师提供一个保密的环境，以便于他们讨论工作和与之相关的任何问题。重要的是，督导会面的焦点是教练或导师，而不是客户。霍金斯和史密斯认为，针对教练的督导有三个要素：

- 对他们的教练实践过程进行指导；
- 对他们的教练职业发展过程进行指导；
- 提供外部视角，保障他们的实践质量。

霍金斯和史密斯将督导视为一种变革，因为在分享信息过程中产生的见解能够催生新的视角——对自我、对客户、对客户的自我，以及对工作和工作环境。督导者能够在这些领域的每一个方面促进教练或导师的进步。对督导者来说，具备有关心理学和教练关系动力学的知识是必要的，但同时也要了解组织的环境、面临的问题、争论的焦点、教练和导师带来的机会等。

并不是所有的研究者都认为督导总是有益的。罗杰斯在 2008 年认为，目前还没有定论，因为迄今为止关于教练督导的研究还很少。不过，她透露了自己的一些经验：

> 在我的教练生涯中，曾与六位不同的督导师共事过，他们对我的发展有着不同的帮助，但有一点是相同的：他们都增加了我对自己工作的谨慎程度和信心。我听说许多其他教练也有同感，我也直接从我的督导师那里听到过这种描述。但是一个谨慎自信的教练就能做得更好吗？我们的假设是这样，但很难证明。

罗杰斯注意到了督导者们的一些问题——例如，督导者自身的知识、经验、智慧和能力不如被督导者，或督导者比被督导者有更多的盲点和需求，更刻板或更盲目地使用特定的教练方法。

除了选择个人督导，你还可以选择同辈共同督导或团体督导。一些术语很容易混淆，因为并不是到处都用“督导”一词。共同督导和团体督导有时被称为“教练或导师支持”。然而，不论名称如何，它们提供的帮助都是相同的，那就是帮助导师和教练安全有效地工作，避免职业倦怠，适当地借鉴他人，以及持续发展技能和自我意识。

这里有两个关于督导的故事，第一个故事讲的是教练和督导者之间如何配合得当。里昂是教练，本是督导者。

我的名字是里昂，我的督导师是本。我经营着自己的教练业务，我想充分利用我的督导会面，因为这是由我自己付费的。我总是把我与客户的工作记录在笔记本里，以此为督导做准备。我写得不多，但我会准确地描述一些关键的东西给督导师，而且在每次与客户会面后立即这样做。在督导会面中，本首先会问我想谈些什么，我通常会从两三个客户那里找出三四个主要的问题。然后我们会讨论如何分配时间，本很会把握时间，这样我们在会面结束前总有 10 分钟的时间给对方反馈。在会面结束时，本会问我："对你来说什么是很顺利的？你理解了什么？有什么是你想要我改变或做得更好的吗？"起初，在我讲述的时候，本似乎很难明白什么时候该让我停止，什么时候该让我继续讲那冗长的故事。随着我们对彼此了解的不断加深，他似乎更放松了，意识到其实大部分工作我是可以自己做的，如果他给我空间，我能够自己寻找答案和解决方案。在督导过程中，我认为真正有价值的是他帮助我认识到自己在客户面前的弱点，而这种弱点我以前是无法承认的。他的感受能力非常强，无论我流露出任何关于和客户在一起时想法和感觉的枯竭，他都不仅会注意到，还能用一种我乐于接受的方式使我意识到到底发生了什么。这是书本上没有告诉我的关于督导的事情！如果你正确使用它，各种各样的东西就都会浮出水面。我惊讶地发现，我们经常谈论我目前的个人状态以及我过去的工作模式，这涉及我对自己和客户关系的理解。本会并行处理他所注意到的我们之间发生的事情，而这些事情似乎与我告诉他的关于我和我的客户之间的事情如出一辙。这些见解帮助我在与客户打交道时更加敏锐地注意到它们。我甚至逐渐具备了能够洞察会面过程现时情况的技巧。

除了讨论与客户的工作，我还在如何管理我的业务发展与变化方面接受督导。你不可能只做一个方面而不做其他，有关客户的工作只是我工作的一部分。本并不想在这些方面给我什么建议，但他帮助我了解了与商业客户、同事和赞助商的关系对资源的影响，以及如何分配资源。在我的客户中，一些是小组和团队，一些是个人。通常，当我先给团队做教练，然后再给团队成员个人做教练时，我会在如何处理保密性问题上接受督导。当然，对我来说，另一个问题就是教练项目的赞助人和接受教练的个人之间可能会有利益冲突。

我叫本，我督导里昂。里昂知道自己要什么，通常，他会在到达时手里拿个笔记本，并把重要的问题拿出来讨论。他知道我们有多少时间，我也鼓励他告诉我，打算如何在不同的问题上利用我们的时间。有时是完全独立的客户的问题；有时是一些关于他自己的发展的问题——例如，进一步的培训需求；有时候是些他自己注意到的会影响到他与客户相处的能力的个人问题——从健康问题到与以前的重要他人相关的未完成的情结，有时，这些个人问题还与信心和自尊有关。里昂掌控着我们的议程，我帮助他航行在自己“波涛汹涌”的水面上！有时，是他自己激起了波澜；有时，是他的客户引发的湍流导致了失衡；有时，我们关注他目前的客户提出问题的模式；有时，我们关注他们处理问题的模式——这可能会激发产生重要的“顿悟”；有时，我们会发现，里昂所说的与客户之间正在发生的情况也开始发生在我们会面的房间里。我总是努力关注这种情况的发生，并给我们时间去反思发生了什么，然后从中学习。

作为督导者，我的问题之一是我应当在多大程度上干涉我所督导的这个有如此强大自我反思学习能力的人。我感觉自己大部分时间都在给予反思空间和鼓励专注之间寻找平衡。所以每当我不确定要做什么的时候，我都会对自己说：“里昂能从此刻获得的最大好处是什么？”然后我也经常这么问他！这听起来很明显，不是吗？但是作为一位督导者，在会面时，我确实有可能与被督导者同时陷入对正在发生的事情无意识的状态，除非我保持清醒，不断问自己那个关键问题：“这是怎么回事？”如果我的被督导者一直在不停地说，而我都插不进话，这是不是提示我他也是这么对待他的客户的呢？他这么做是为了保持我们之间的距离，还是因为我的沉默让他感到不安，以至于他不得不滔滔不绝来填补空白？

我提到了用自己的“内部督导师”来反思当下督导会面中的动力的重要性，同时我们也做了一些更实际的事情。我们讨论了可以用于客户的不同方法和工具。我们还进行了角色扮演和排练——我扮演客户，这样里昂可以在一个安全的地方尝试新的方法和技术。

我们花了一些时间探索他与同事以及客户之间的工作，我们也一直在关注教练业务的发展情况。我们着手处理的一些组织内部的问题包括：如何管理为教练项目提供赞助的组织和里昂的客户之间的利益冲突和保密性问题。

督导的重要性在很多助人的行业中都得到了充分的认识，甚至在某些行业中是强制性的。在教练和辅导技术方面，欧洲辅导与教练委员会（EMCC）伦理规范要求所有成员接受定期的督导。职业经理人教练和督导协会（APECS）伦理指南指出教练和导师要接受持续和定期的督导。在实践中，“定期”的含义会根据教练或导师所承担的工作的性质和数量不同而变化。

督导方法

正如在教练和辅导技术中有各种各样的方法和理论一样，督导技术也有很多种方法和理论。事实上，督导方法往往出自那些用于教练和辅导过程的方法。一些更具心理学基础——无论是更人性化的，如非指导性的方法，还是像格式塔理论、神经语言程序学（NLP）和沟通分析理论（TA）那样强调理解教练技术、辅导技术和督导关系的心理动力学。还有一些更多地强调组织和功能。不过所有的方法都需要解决教练和导师专业和管理团体提出的关键胜任力问题。

霍金斯和史密斯的“七只眼”过程模型也许是使用最广泛的模型之一。有关该模型的一个解释很值得在工作中参考。该解释把这一模型理解为“七种模式”，这些模式被描述为互相嵌套的圆：

- 客户：专注于客户，以及他们呈现的内容和方式；
- 督导者：探索所使用的策略和干预措施；
- 客户和被督导者之间的关系：有意识和无意识的；
- 被督导者：关注把自我和客户完全带进意识状态；
- 督导关系：关注工作联盟和并行过程；
- 督导者：关注自己的过程；
- 背景：关注更广泛的工作环境。

督导的方式之一是通过探讨主要任务，帮助被督导者提高能力和信心。这些任务详见表4–3。

表 4–3　　督导涉及的任务

- 明确合同：安全边界和限制
- 提供支持空间进行广泛深入反思
- 与“故事”一起工作
- 充分想象
- 利用资源
- 发展联盟
- 使用并行进程
- 使潜意识进入意识
- 挑战盲点
- 提供新视角
- 使用工具和技术
- 使用 360 度反馈
- 演练新行为
- 支持信念的飞跃
- 把能力变为功能
- 学习和借鉴

职业经理人教练和督导协会把督导技术描述为“教练和一个有资格的人之间的关系，而这种关系并不是任何的管理关系。在这种关系中，双方可能会在严格保密的情况下谈论教练帮助某位客户的工作，目的是提高教练工作的质量，确保客户的安全。”教练协会指出：尽管督导是为了维持和提高教练的能力水准而做的正式安排，它事实上也是一个支持过程。督导有时被称为“超级视觉”，证明这不是限制或规定而是增加创造力的过程。这两个定义都关注了督导正式的本质——一种有计划、有目的的活动，而不是随意的聊天。EMCC 2004 年颁布的《督导指南》(*Guidelines on Supervision*) 列举了 12 项选择督导者的标准。表 4–4 列出了一些与做选择相关的问题，问题来自 EMCC 标准并做了改编。其中的一些问题可能比另外的问题对你来说更重要，这可能会给你一些线索，让你知道谁才适合做你的督导者。

表 4–4　　选择督导者的问题

- 这个人当过教练、导师或客户吗
- 他们使用的是什么教练 / 辅导框架？与你的相匹配吗
- 他们被督导过吗
- 作为督导者，他们有多少 / 哪些经验
- 他们能提供你所需要的督导时间或频率吗
- 他们接受过督导培训吗
- 他们使用什么督导框架
- 他们是否对你表现出了尊重、共情和真诚
- 作为你的督导者，他们能做到公正（即没有角色冲突）吗
- 他们拥有你所寻求的督导者的素质 / 技能吗
- 他们遵从伦理规范或属于某个专业团体吗
- 他们了解你工作的环境吗

朱莉是一名教练和导师。她说道："我认识我的督导师有很长一段时间了。她给我所参加的一个教练培训项目上过课，所以我知道我们使用的是相同的教练框架。我从没有想过问她使用哪些督导框架。然而，她的倾听能力和专注能力确实给我留下了深刻印象，尽管她不太了解我的工作环境，只是看起来很适合我。现在我们已经一起工作了，我知道她就是那个合适的人。"

在教练协会于2007年发表的一份报告中，根据对300名成员的在线调查，选择督导者的主要原因是，督导者：（a）是一个教练可以从他那里获得关于自身优势和发展领域的诚实反馈的人；（b）是一个有资格和有经验的人；（c）是一个专业团体的成员；（d）是一个在组织环境内部有经验的人。这个调查的受访者把督导的五个好处按等级排了次序：

- 提供了一个学习和发展的基础（95%）；
- 提供了一个讨论伦理问题 / 注意事项的地方（93%）；
- 提供了一个信任和开放的关系（78%）；
- 提供了对我们实践的修正和认可（76%）；
- 提供了提高我们创造力的机会（74%）。

这个结论与我们自己的经验相符。但是，我们认为，督导提供的这种信任和开

放的关系是学习和发展的基础。督导过程可以直接与教练或辅导过程并行。这种关系使被督导者感到安全，进而能够真诚地处理伦理问题和注意事项，有勇气面对困难。就其本质而言，伦理问题从来都不简单，也没有简单的答案（第 10 章对这些问题进行了更充分的讨论）。与客户的一个伦理问题经常需要教练或导师有意识无意识地回过头来检查自己的价值观、信念和态度。为了使督导过程更富有成效、更具变革性，督导者必须是一个安全、值得信赖和受人尊重的人。

督导过程被描述为应该是规范的、塑造性的、复原性的和全局性的。把这些应用到教练和辅导方面，督导可以：

- 帮助教练或导师安全、符合伦理和法律要求地工作（规范的）；
- 帮助教练或导师学习和发展技能和理解能力（塑造性的）；
- 支持教练或导师处理角色要求和压力（复原性的）；
- 帮助教练或导师保持掌控工作全局的能力，以及与其他帮助途径的联系（全局性的）。

表 4–5 列出了教练或导师接受督导和支持的好处。它们会如何适用于你？有些比其他的更重要吗？

表 4–5　　督导和支持可能的好处

督导和支持可以帮助教练和导师：

- 预见问题并避免 / 减少问题
- 尽可能有效地工作
- 回应客户的挑战
- 发展技能和信心
- 获得支持
- 保持高瞻远瞩
- 与其他方法保持接触
- 尊重边界，遵守职业伦理
- 发展内省力
- 公平对待客户，重视多样性
- 挑战对自我和他人的设想

总结

在本章中，我们：

- 介绍了教练和导师发展的一些方面；
- 思考了从经验中学习的价值；
- 提出了反思性实践的四个阶段；
- 通过一些案例说明了反思性实践；
- 讨论了督导的几个方面；
- 呈现了一起工作的督导者和被督导者的一些观点。

第 5 章　如何在实践中反思

本章是一个案例研究，能促使你思考和客户合作时遇到的问题。我们希望这能帮助你在面对问题时迅速做出反应，并且在会面中和会面后，以及在督导过程对这些反应进行反思。该案例能帮助你思考如下问题：

- 关键原则会如何发挥作用？
- 在职业伦理和专业方面可能会出现什么问题？
- 哪些问题我可以寻求支持和督导？

保罗请你做他的导师，本章探讨你们的前三次会面。本章列举了一些互动问题，阐释了高效教练和辅导的原则。在开始研究案例之前，有必要回顾一下第 1 章当中提出的高效实践九原则。你应当经常：

- 反思当下的情形；
- 思考自己的反应；
- 决定如何帮助客户。

符号表示此处总结了如何在实践中使用高效教练和辅导原则。

符号表示此处会提示每次会面结束时需要导师寻求支持或督导的问题。

你的客户：保罗

保罗是一名医生，最近刚被晋升为部门主任。他曾参加过一个领导力发展项目，其中包括教练课程，该项目提升了他与管理层同事共事以及主持会议的技能和信心。

但他还需要一些持续的辅导来使自己胜任新角色。保罗面临的挑战是：他既代表医生的利益，也代表管理层的利益需求，这两方的利益有时似乎是冲突的。保罗之所以选择你做他的导师，是因为你们在同一家医院工作，而且他也很尊重你。

第1次会面：建立关系并达成工作协议

将原则付诸实践

辅导背景： 发展保罗的领导能力。

进度： 由保罗决定，你提供帮助。

模型： 你分享有关改变的模型，保罗决定是否采纳。

结果： 保罗想要的结果是管理能力的提升，使自己更有影响力。

学习关系： 至关重要，因为他敬重你并且希望向你学习。

品质： 尊重、共情和真诚的品质有助于建立融洽的关系和信任。

技巧： 包括积极倾听、乐于分享和充分协商。

伦理问题： 因为你们在同一家医院工作，所以有可能会出现工作边界模糊，从而引发伦理问题。

作为导师，在与保罗的第一次会面中，你想实现的目标是什么？

你将如何商定工作协议？请参考第2章中的工作协议实例。哪些方面是需要特别关注的？

你将如何判断你们是否可以合作？

这是你第一次和保罗见面，目的是明确你们能否进行合作。你首先问他希望得到怎样的帮助，以判断他的预期，进而明确你所能提供的时间、承诺、经验和知识。他告诉你，他需要帮助来提升自己的领导力和管理能力。他希望先安排两到三次辅导会面。你表示同意，并建议他在每次会面结束时反思回顾你们的工作成果。你给了他一份工作协议，并征求了他的意见。此外，你还解释了会用到的方法，并再次询问他的意见。

当提到保密问题时，保罗问是否所有内容都在保密之列。

这里是一些对保密问题的答复。你会怎样回答？还有更好的答案吗？

- 嗯，是的，肯定保密。
- 当然会有些限制条件，我们可以就此讨论一下吗？
- 我们会面的内容是完全保密的，但可能会有一些法律或专业方面的问题来限制我们的保密性。你可以选择向我透露什么，如果我不得已需要向别人透露一些信息，那我会事先与你讨论再做决定，你觉得这样可以吗？

鉴于你们在同一家单位工作，另一个需要澄清的问题就是关于利益冲突。

保罗：我想确认一下，你是这家医院的高层管理人员，如果我批评你的一位同事，你会不会很难接受？如果我告诉你我的一个项目失败了，你又会做何反应？

下面的这些回答会让保罗满意吗？如果不能，你有什么建议？

导师：一旦你我之间确立了辅导关系，我的第一责任是你——我的客户，所以我要首先确保你的利益。如果你需要什么帮助，那我很乐意帮忙，但我作为导师不能直接替你处理问题，你可以在我的帮助下自己去解决问题！

保罗对你能和他共同商定工作协议感到很开心，因为他喜欢开诚布公的工作风格，并因此觉得你值得信赖。你们商定下个月再安排两次会面，每次两个小时，每次会面的最后 15 分钟进行反思回顾。保罗制定每次会面的议程，并决定两次会面之间的有关安排。

需要反思和关注的问题

这次会面反映出了哪些需要你关注的问题？

首次会面中，你在哪些方面做得很好？哪些方面还需要进一步优化？

除商定工作协议、介绍工作方法之外，你将来还会采取其他的做法吗？

在你们的合作中，有关业务边界、保密性和利益冲突方面是否存在潜在问题？

第2次会面：发展关系和管理议程

将原则付诸实践

辅导背景：保罗作为领导如何与同事、临床医生和经理打交道。

目标：提供反思空间，以推动故事展开。

支持与挑战：作为导师，你应当保持支持和挑战之间的平衡，以便保罗打开新的视角，充分利用各种资源。第一步是探索事情原委，找到切入点。

结果：保罗期待的结果是希望在与难相处的同事打交道时能够管理好自己。

学习关系：会面开始后，你通过积极的充满同理心的倾听来培养信任感，营造融洽氛围，然后保罗询问你是否愿意分享你的经验。

品质：你需要表现出的良好品质包括尊重保罗、对他的事情感兴趣、充满同理心地去理解他并真诚分享经验、建立他的信心，并对他提供有力的支持。

职业伦理：对保罗的请求予以适当的回应；分配好时间，保证有足够的时间确保会面平稳地结束以及评估工作关系。

在会面开始之前，你要提醒自己，是保罗负责安排每次会面的议程，所以你需要问他今天想讨论什么。保罗说，作为领导，他和同事之间有一些棘手的问题。你问他想如何分配时间，他回答说想分别讨论他跟临床医生和财务主管之间的问题，并留出15分钟来反思回顾。

如果保罗想要处理这两大困境，最后还要进行反思回顾，你需要留意时间。接下来你该怎么做？

保罗开始诉说两个“难缠”的同事的故事。第一个是医生，他对于管理很不屑，但在专业方面声望很高，经常受邀参加国际会议，因此经常外出。这样一来，同事们就得接替他的工作，这让他们颇有怨言，有些经理也很不满意。这名医生不愿遵守最近出台的有关评估和个人发展计划的规定。作为医疗部主任，保罗被要求去见见这个同事并进行一些调查。

你先复述了事情的经过，然后问道：“这么说是领导要求你去见他的，是吗？”重复关键词能促使保罗继续说下去。

保罗：是的，可是我不太敢去。他很强势！如果我能让他来见我，那就太棒了。但难就难在这里，我不希望跟他吵作一团，因为我的团队还需要像他这样的人。接下来是我和另一个同事之间的问题，我认为这两个问题是相关的。这位同事是财务主管，因为医疗预算超支，他一直追着我不放。他希望通过削减医生的进修假和控制会议预算来管理超支。这意味着我将不能批准进修假的申请，这样一些顾问级医生就会把我看成管理层的“爪牙”，而不是他们的代言人。这份工作让我感到进退两难且孤立无援。

保罗简要说明了自己的两个困境。你想继续关注保罗的想法和感受，而不是花太多时间谈论其他人。

导师：我听到你说你害怕去见那个医生，因为他很强势，你不想和他起争执。最重要的是你还面临财务主管的要求。你感到进退两难、孤立无援。你感受到了来自财务主管和顾问级医生同事的双重压力，是这样吗？

你复述了自己所听到的内容，并得到了保罗的确认，然后你鼓励他继续说下去。他说自己喜欢挑战，所以才接受了这份工作。他知道领导临床医生会很困难，但他没料到一接手工作就遭遇了这般压力。

保罗继续讲述自己的遭遇，但是你帮助他明确了这次探讨的重点是什么。你的总结表明，他的孤立感和无所适从的感觉是问题的关键。你打算帮助他把问题的各个方面按优先次序排列好，然后着手解决，从而帮他走出困境。

导师：一个难缠的同事、一个财务主管，还有你对这份工作的感觉，我们应该先关注哪个方面呢？

保罗：我想，我们可以先看看我是如何应对这些情况的，这对我会比较有帮助。你能从你的经历中给我一些建议吗？

你知道保罗之所以选择你作为导师，部分原因是你在组织内的经验。你想回应他的请求，但你也想把注意力继续放在保罗和他面临的问题上，让他知道什么对他是有益的。

当保罗寻求建议时，你有什么感觉？你打算如何应对？如何分享你的经验来引发讨论与思考，而不是直接提供你的解决方案？

你分享了一些类似案例，然后说道："这些案例曾给过我很大帮助，但不一定适用于你的情况，不知是否会对你有所启发。"

在简要地分享了一些自己的经历后，你问保罗对他自己的情况有何反思。你鼓励他去形成新的视角。你引导他回顾一下在过去处理类似感觉时，是什么或谁帮助了他。你问他有哪些资源可用：朋友、家人、其他医生或其他医疗主任？最后，你启发他深刻理解医生和财务主任的观点："如果他们现在就在这里，他们会说些什么？他们想从你这里得到什么呢？"

随着时间的推移，你即将结束辅导。你鼓励保罗说出有哪些收获可以推动他解决问题。他说自己感触最深的一点是，在如何与临床医生会面方面有了更多的想法。

你和保罗谁来总结此次会面中所讨论的内容？如果由你来做一个简洁而全面的总结，你会说些什么？从现在到下次会面之间的时间里，你会如何帮助他找到行动的切入点？

保罗决定在接下来的两周联系上一任医疗主任，看看他是如何处理类似情况的。

他决定在下次辅导会面之后再去会见那位医生。保罗说希望下次会面时能探索一些具体的对策，以便自己在见到那位难缠的同事时不被吓倒。

最后，回顾一下你们合作的效果。你打算回顾哪些内容？你认为从下面这个问题开始如何？

你说：“在本次会面即将结束时，我们来谈谈这次合作的效果，好吗？什么对我们有帮助，又有什么阻碍了我们呢？我们欣赏的是什么，哪些方面还需要改进？”在总结会面时，你们就保罗从现在到下次会面之间需要做什么达成了一致，并让他写下了行动要点。最后，你们确认了下次会面的日期。

在这次会面中，保罗清楚地讲述了他与同事之间的问题，并对他们的观点及自己的观点进行了深入的探讨。他在自己和他人身上都找到了宝贵的资源。作为导师，你和他分享了一些组织内部的处事策略。

需要反思和关注的问题

你和保罗充分交流他被孤立和无助的感觉了吗？

当保罗向你寻求建议的时候，你是什么感觉？你通常如何回应这样的要求？

你应该主动帮助保罗打通人脉吗？

你打算下次如何和他一起探讨“不惧怕”的具体策略？

第 3 次会面：机智灵活

将原则付诸实践

辅导背景：保罗的领导角色，他想知道如何与医生同事会面。

目标：通过确定目标和规划行动，培养他的信心。

结果：保罗在做了进一步的准备后，正在安排与那个医生的会面。

学习关系：在这次辅导会面中，学习关系经受了两次考验。第一次是当你作为导师在明确具体目标时，体验到了来自保罗的“阻力”。第二次是考验你管理时间的能力。

支持：即使到了规划行动的阶段，你仍然要以客户为中心，支持客户的行动。

品质：导师应当具备的品质包括肯定保罗、相信他有能力改变、平衡所提供的支持和挑战。

职业伦理：把握时间限制；保密是至关重要的，因为你和保罗在同一家医院工作；制定应急行动方案。

保罗将回来进行第三次会面，你记得他曾说过在新的岗位上感到很孤立，你想探明原委，于是你检查了你们一起做的记录：

1. 保罗将与前任医疗主任会面，了解他是如何对付难缠的同事的。
2. 他希望得到具体的策略，来帮助他应对与难缠的同事会面时所产生的恐惧。

你打算如何开始此次会面？下面这些导入语你会选择哪个，为什么？你有更好的导入方式吗？

- 你好，保罗。你今天感觉如何？
- 保罗，根据上次的记录，我们列出的两件事是……我们先来说说你和前医疗主任见面的事，好吗？
- 保罗，我想知道你想从今天的辅导中获得什么？

保罗说，自上次会面之后，事情已经有了进展。他去拜访了前医疗主任，那次拜访使保罗意识到自己确实想比前任领导更直截了当地解决问题。这说明保罗无助和被孤立的感觉可能确实是由工作产生的，同时也说明了保罗向导师求助是一个明智的决定。

保罗：那么，你能帮我想一些办法以免我到时候招架不住吗？这样即使我在谈话中处于下风，也能把该说的话说出来。

导师：好吧，让我们先谈谈你想要的理想状态是什么？这两个同事的问题，咱们先探讨哪一个？

保罗：先来说说我和那名医生的问题吧。

导师：好的。你先想象一下，你让他来找你，一起谈谈来自同事和管理层的投诉。想象你与他会面的理想状态，请花一分钟的时间把它形象化，当你脑子里有一个画面时，请告诉我。

你指导保罗用头脑风暴的方式找出他想从这次会面中获得什么，并提示他去描述自己和这名医生分别会做什么、不会做什么，以及有哪些想法和感受。你询问他理想的见面结果是什么，并鼓励他大胆想象。在完成头脑风暴后，你让他选择对他来说最重要的可能性（关于这种技术的更多信息，请参阅第 7 章和第 9 章）。

保罗：我看见自己站在那里，当各种话语劈头盖脸地砸向我时，我依然能保持冷静。我没有提高嗓门，但我清楚地表达出了我该说的话。这就是我想要的。我感觉自己很强大，肯定没有被吓住。

你接着问他打算如何把画面变成具体的事实，也就是说，他想达成的目标是什么。

你注意到保罗在做头脑风暴时非常兴奋，充满希望。但当他仔细思考下一步的行动目标时，却显得有些迟疑，他似乎不愿确定一个具体的目标。对此你怎么想？你打算怎么做？如何才能既帮助保罗做出改变，又避免直接下指令呢？

尽管保罗一开始不愿意明确，但你还是帮他确立了目标。保罗说：“我将在下周和那位医生见面，我会努力做到不被他的盛气凌人吓倒。”你和他一起讨论了该目标能否在允许的时间内达成，以及如果实现了，他会有什么感觉？他说他会感到自信、安心。你们又一起讨论了果断行事的成本和收益。对他个人来说，成本是大于收益的；但保罗认为，对自己作为一个领导者的潜在收益是巨大的，如果他能够果敢自信地面对这名同事，那么面对其他困难——无论是在会上发言还是私下与人沟通，他都会更加自信。

现在，他已经有了一个具体的目标，而你需要帮他看看有哪些途径可以实现这个目标。你鼓励他想出尽可能多的办法，无论现实与否，这有助于打开他的思路。通过头脑风暴，保罗迸发出了许多想法，比如：听听该医生怎么说，了解他的关切；见面之前进行演练；明确自己的底线，确定什么是可以协商的，什么不可以；提前扮演“杠精”角色，演练对方可能用到的论点。在这一点上，你分享了一些他可能不太熟悉的策略，如应用CAN谈判模型；应用沟通分析理论检查自己的反应；进行角色转换练习，演练如何结束他和该医生的谈话并确保达成目标（有关该策略的更多信息见第9章）。你还推荐了一些可读书目。

你意识到你已经成功了一半。你让保罗继续准备和医生的见面，但你还是不太放心。同时你还担心辅导过程中的时间管理是否恰当，以及保罗对此次辅导的预期是否达到？

对此你打算怎么做？当你做决定时，请考虑以下五个职业伦理原则：怎样做伤害最小；怎样做效果最好；怎样做才能保障保罗的自主权；怎样做才公平？怎样做才算信守承诺？你会选择下面哪种做法，还是另有选择？

- 打断他的话，告诉他：如果你还想在结束前花15分钟进行反思回顾的话，那留给这部分的时间就只剩几分钟了。
- 因为时间不够了，所以你决定放弃这次的反思回顾。
- 等待合适的时机，总结到目前为止这次辅导会面的情况，并提及剩下的时间不多了，询问保罗现在想做什么？
- 什么也不做，就听着他说，如果他什么都不说，就一直等下去，让时间在这个问题上耗尽。

你无法做决定，所以你什么也没做。保罗继续说着，而你越来越担心，但你又觉得不能打断他。几分钟过去了，他突然看了看手表，说道：

“哦！我没有意识到只剩下30分钟左右的时间了，而我还需要明确跟同事见面时我该怎么做。”

你松了一口气！保罗自己解决了这个问题。但是对自己没有密切关注时间这件事，你有些担心，因为这有可能会导致保罗无法从此次辅导中得到他想要的结果。事后，你进行了反思：无论问题是什么，重要的是对其进行公开讨论，并允许保罗参与任何有关如何向前推进的讨论。现在，你想把讨论带回到保罗的行动策略中，所以你让他总结一下他之前提到的那些策略。

现在，你将如何帮助保罗强化一个“最适合”他的策略？又将如何帮他明确实施这一策略的促进和阻碍因素？

在所有的想法中，保罗觉得最有用的是阅读和练习 CAN 谈判模型。他将与一个扮演医生同事的朋友排练谈判过程，练习包括以下三个方面：试图清楚地表达自己的诉求；传达他理解这位同事做事的初衷；在面对对方的咄咄逼人时保持冷静和积极。然后，你问他促进或阻碍这一策略的因素有哪些。

导师：先准备好，然后和一位朋友排练——这对你的策略成功会有什么帮助？

保罗：我相信我的朋友是诚实的，也是支持我的，而且我现在真的很想尝试一下。我的朋友会直接告诉我，我需要改变什么或做什么。而且，他知道我面对的困难是什么！

导师：那是否存在一些因素可能会使这一策略无法奏效？

保罗：现在距离会面的时间太近了，如果我们俩无法协调好日程，或者如果我临阵退缩……这些都是影响因素。

通过提问，你了解了可能促进或阻碍保罗行动策略的因素，并帮助保罗发现了自己或他人身上未被开发的资源，以及一些可能会打乱他的排练计划的因素。现在他正着手实施一个更加可行的方案。他确定了阅读材料和准备的时间，并决定明天去约见朋友，以便在下周的某一天进行排练。

在讨论一个可行的行动方案时，会涉及哪些要素？需要制定一个怎样的应急方案？你会提供哪些支持？与下一次辅导会面有何关联？

你已经帮助保罗完善了他的行动计划，现在你们要结束此次会面了。在这次会面中，你意识到保罗已经从面对问题的困顿，转变为充满希望——意识到可以用不同的方式思考、感受和行动。至此，尽管起初有些不情愿，保罗最终还是鼓起勇气为改变制定了一个现实目标。你觉得这次会面积极且充满活力，你使用了模型和技术来推动辅导的进程。当你意识到时间不多的时候，中途遇到了一个小难题，好在最后顺利解决了，实现了保罗的目标。因为你正在评估和保罗合作的效果，所以也应该问问保罗的想法。由于这是与保罗商定的最后一次会面，因此你也想尽可能地提供机会引导他回顾自己的进步。

导师：只剩下 15 分钟了。今天我们一起做了很多积极的工作，我想知道你现在感觉如何？

保罗：筋疲力尽！我不知道参与教练工作是如此辛苦！它给了我很多东西去思考、去做。我最迫切的问题是和医生同事的见面，但经过今天的辅导，我感觉更有信心了。

导师：我很高兴听你这么说。有什么事是我原本可以做，或者不做，能使你收获更大的吗？你想再回来进行一次辅导，来回顾你的进步吗？

保罗：当然。也许下次你需要让我更加专注，这样效果会更好！因为我有时候说话会漫无边际。

导师：你希望我做什么来帮助你更加专注？

保罗：说实话，我想让你更有挑战性。

导师：这对我来说不成问题。下次我们可以在一开始就协商好焦点问题，然后在结束时再次回顾，看看是否如你所愿。今天我很享受咱们在一起的工作，我注意到你思维活跃、坚毅果断。我很钦佩你在面对挑战时的韧性，也很期待听到你们会面的结果！我们似乎已经达成了你的目的。但是我想问一下，当我们陈述目标时，你是否觉得我推动得过急了？

保罗：好吧，事实上，我并不想制定什么明确的目标，我确实觉得自己在那个阶段有些打退堂鼓，但你给了我足够的空间去自己做出决定，所以，虽然一开始我很勉强，但后来还是努力去做了。

你询问了保罗是否还有其他想说的，然后让他总结了自己的行动计划，以及本次辅导结束时的感受。

需要反思和督导的问题

你反思了这三次辅导会面，然后决定了哪些问题需要求助督导。你尤其想要一些督导来反思自己的发展情况，包括自己在学习关系中使用方法、技能、工具和技术的方式。你想探索如何保持支持和挑战的平衡，以及在辅导过程中的问题解决和行动阶段如何保持以客户为中心。

你听说过“并行进程”的说法，就是客户带来的需要解决的问题与导师辅导客户过程中的经历惊人地相似。你不确定在这三次辅导会面中是否也存在同样的问题，你想通过督导了解更多。

- 在这个案例中，你哪些方面做得很好？
- 如果可以重来，你会采取哪些不同的做法？
- 谁能促进你作为教练或导师的专业发展？

总结

在这一章里，我们：

- 学习了一个关于保罗的互动案例，包括三次导师辅导；
- 邀请你作为导师与保罗进行了三次辅导会面；
- 应用了高效实践的关键原则；
- 提供了对话摘要，这可以帮助你审视辅导过程，并选择适当的方式回应；
- 在每次辅导结束时都进行了反思，重点关注了一些需要接受督导的伦理和专业问题。

第6章　专业培训与资格认证

只有不断更新对自己、对客户，以及对客户的生活和工作环境的认知，你才有可能成为高效的教练或导师。越来越多聘用教练和导师的组织和客户要求他们具备相关资格，并且通过专业教练或导师组织的认证。英国特许人事发展协会2009年的一项名为“教练和辅导技术有多热门”的调查结果表明，在参与调查的组织中，大约有三分之一要求教练拥有教练证书。然而，那些教练和辅导工作只是自己领导和管理工作一部分的人，可能会寻找更短的培训机会。教练或导师资格认证只是一个人能力的一种证明，并不代表具体的胜任力。现在人们普遍认为，要想成为合格的教练或导师，你不仅要得到主流的国际教练和辅导技术机构的认可，还必须有证据表明你一直在接受成功的、持续的督导，在持续进行专业发展，如第4章所述。

选择培训项目

根据我们的经验，精心设计的培训对所有参与教练和辅导活动的人都很有帮助，对于全职做教练或导师的人来说更必不可少。

目前，即使是没有接受过任何培训、不具备任何资质的人都可以自称教练或导师。教练和辅导服务的购买者和赞助者都担心，聘请未经培训的教练和导师可能弊大于利。

此外，那些没有经过正式准备和培训就被要求扮演教练或导师角色的人，也可能会觉得自己能力不足。英国特许人事发展协会2009年的调查显示，只有36%的受访者表示他们的组织提供了深度的教练培训。

在本章中，我们将探讨有效的教练和导师培训的重要因素，并为选择培训项目提供指导。本章资料来源广泛，涉及成熟的培训项目和培训的关键要素。本章具有特别的参考意义，如果你想：

- 了解更多关于培训的知识；
- 选择合适的培训课程；
- 充分利用你现在正在参加的培训；
- 为你的组织或专业机构委托教练或导师培训；
- 为你的组织或专业机构设计或开发教练或导师培训方案。

在这一章中，我们用案例来说明关键主题，用实际练习来帮助你设计或选择正确的培训方案，从而让培训发挥最大的功效。

评估培训需求

在评估你的培训需求时，首先你可以问问自己：为什么在生活和工作的这个时候对培训感兴趣？也许有一些外部因素在影响你，比如你的组织要求你参加培训，或者要求你在组织内部担任教练或导师。但个人兴趣可能是最主要的因素。成为一名教练或导师，无论是全职还是兼职，都可能是你个人发展计划的一部分。对很多人来说，动机都不是单一的。当参与者被问及参加培训的理由时，典型的回答包括：

- 我做了好几年的辅导工作……我想看看自己一直以来做的是否正确。
- 许多初级员工向我寻求帮助，我想如果有一个模型框架可以参考，并掌握与他们合作的正确技能，会使我更有信心。
- 我在我的公司里做教练，但我认为我喜欢“发号施令”，而且经常给别人建议……我想知道是否有更好的办法。
- 我想在我的公司里开发一个辅导项目，需要弄清楚项目该包含哪些方面。
- 我的组织一直让我承担教练或导师的工作，我把这看作机会，但也心生畏惧。我经历过失败的辅导，我想做得更好。
- 我认为很多管理者并没有在工作中充分发挥他们的才能，我认为教练技术可以支持和帮助他们提升管理技能，获得更好的结果。

在你的公司或职业环境中发生了什么，使得这次培训如此重要？

一篇针对一家大型机构员工个人发展规划的综述表明，许多员工受益于为他们的培训和发展需求提供的个性化支持。该组织为管理层员工提供了有关教练技术的培训，旨在提高他们在支持员工方面的技能和自信，无论是支持那些出色的员工，还是支持那些绩效有问题的员工。

在你个人的工作或职业发展中发生了什么，使培训在此时变得重要？

培训之所以重要，原因可能包括工作角色的改变、员工职责的增加、与难相处的人打交道的经历，以及被要求担任正式的教练或导师角色。

经理金姆说："我刚刚加入了一个重视员工发展的组织，很多人直接向我汇报工作。但我更擅长自己出马解决问题，在授权和发展他人方面不太有经验。我需要一些培训来帮助我找到如何在完成工作的同时还能构建良好的人际关系并支持员工成长的方法。"

在评估你的培训需求时，有必要考虑一下你在领导、工作和学习方面的偏好。在之前的章节里谈到过问卷的用途，你可以用来评估一下自己的培训需求。

黛安娜是一所城市学校的高级教师。作为领导团队的一员，她性格外向，做事果断，喜欢在实践中学习，因为那样有实验和试错的机会。她希望参加一个导师培训项目，好让她有机会将自己的优势应用于实践。但这也将使她面临挑战，因为她需要换一种工作方式。她做事经常"先干后想"，因此错失了许多学习的机会。她想培养自己的反思能力，这对于她在受训期间，以及后期为同事们做辅导都是很重要的。

另一种可以帮助你明确培训需求的方法是，专注于你希望从教练或导师那里得到什么，明确你的理想可以让你知道什么对你来说最重要。请看下面这个例子：

一群护士决定为当地医疗中心的所有员工发起一个辅导项目，员工们可以自愿接受培训成为导师。学员们通过头脑风暴，列出了他们理想的辅导方案，并分享了如果辅导工作进展顺利，结果会是什么样子。头脑风暴未来的可能性让这些未来的导师们激动不已。利用头脑风暴的结果，他们设立了具体的培训目标，确定了辅导方案。

设想一下，假如你成功实施了一项教练或导师培训计划，效果甚至比你预想的还要好，会给你的组织带来哪些改变？对你个人会有什么影响？你会有什么收获？

明确培训需求的另一个重要方法是分析学习类型。派得乐和阿斯平沃尔在 1996 年描述了四种学习类型：

- 关于事实（或知识）：如，我知道教练需要具备支持和挑战的技能；
- 关于如何做事情（或技能、能力、胜任力）：如，在教练培训和实践中，我要学会积极倾听；
- 成就自己，实现潜能（或个人的发展）：如，我发现自己在生活的许多方面都开始以这种不同的方式倾听，这改变了我与他人交往的模式；
- 共同实现目标（或协作探索）：如，在我领导的团队里，我们相互倾听，并就听到的内容进行反思，然后分享各自的理解。这对我们个人以及我们共同做出的决定都有影响。

在教练或导师培训中，你认为哪些类型的学习对你来说更重要？它们在哪些方面重要？完成下列句子可以帮助你回答这些问题：

- 我想知道 / 了解更多关于……
- 我希望能够 ……
- 我想成为一个……的人
- 在我们的组织中，我希望我们……

选定一个培训项目

你对培训需求的评估会影响你对教练或导师培训项目的选择。前一节帮助你确定了培训需求，下一步是为你选择合适的项目。首先，应考虑一个培训项目的目标是否清晰明确。其次，你还应考虑项目安排是灵活的还是固定的，是否可以根据你的需求“量身定制”，以及你的需求和项目目标是否匹配。

无论你的目标是什么，一个培训项目都应该简洁清晰地描述培训目标和学习效果。培训承办方应该清楚他们能提供什么样的培训，并说明哪些内容并未包含在此次培训当中。如果你的目标只是对教练和辅导技术多一些了解，那么一天左右的短训可能就足够了。这样的一个项目相当于导入课程，可能包括以下主题：

- 教练和辅导技术的定义；
- 教练和辅导技术的好处——个人的和组织的；
- 方法、框架和技巧；
- 教练或辅导计划的实施；
- 教练和辅导技术的未来发展趋势。

如果你想进一步提升教练和辅导技能，那就必须要有一个长期的计划。一个以知识和技能为发展目标的培训项目，能够帮助参训者在培训结束时：

- 理解什么是教练和辅导技术，以及它与咨询或赞助有何不同；
- 学会教练和辅导技术的框架；
- 练习了框架的每个阶段和相关的技能，获得了反馈并检查了他们的技能发展；
- 思考了从事教练或导师职业以及承担教练或辅导工作所涉及的职业伦理和实践问题。

时间安排

如果你正在寻找一个短期课程做初级培训，根据经验，你需要四天的培训课程；而如果你想进一步提升自己的教练或辅导技能，那五天的培训更好。培训天数之间最好有间隔，以便充分吸收所学的知识，练习所学的技能。培训机构会提供一系列不同等级的认证课程，从证书到文凭和硕士学位，所需时间从六个月获得证书到两年或三年拿到硕士文凭不等。培训是教练或导师之旅的开始，而不是结束。完成培训是教练或导师发展过程中的重要一步，但仅仅是开始。

结构

在考虑培训项目时，要弄清楚培训时间是如何安排的。会介绍模型、理论和方法吗？会对所教授的技能进行示范吗？学员有机会练习并得到反馈吗？如果关键目标是技能发展，那我们建议至少50%的课程时间应该花在技能练习和学习回顾上。此外，学员有机会讨论如何在工作中使用这些技能吗？有机会讨论由此产生的任何伦理和实践问题吗？最好能做到讲练结合。

一个好的学习方案应该：

- 包括多种学习和教学方法，包括讲授、大组讨论、示范、小组技能练习和小组活动；
- 平衡以学习者为中心的活动（如大家讨论在工作中练习技能的经历）和以理论为中心的活动（例如讲授）；
- 内容丰富，包括教练或辅导技术的框架、技能、伦理和专业方面的注意事项，以及教练或导师的自我发展；
- 在课程天数之间有时间间隔，以便学员吸收并练习所学技能；
- 讨论培训后的生活，包括持续的支持和督导；
- 提供学员在课程期间和之后建立联系的机会。

培训师

培训项目中的关键资源是培训师或培训师团队。将有多少人参加，培训师与学员的比例是多少？为了发展技能，小组活动也是至关重要的。通常来说，一位经验丰富的培训师或导师辅导三个参训学员是比较合适的。此外，培训师们的从业背景和经验是什么？他们有做教练或导师的经验和相关资质吗？

参训学员

参训学员是另一类重要的学习资源。培训课程需要足够数量的学员以保证学习风格和经验的广度和多样性，但却不能多到不便于组织大组讨论。如果当务之急是发展技能，那么，参训学员与导师的比例就很重要。此外，还需要考虑有哪些其他资源可用，比如课程材料、专著、在线材料、案例研究、训后跟进，以及回到工作岗位后的培训师支持。

伦理问题

讨论伦理和专业问题也是教练和导师培训的一个重要方面。培训项目通常是组织开发教练或辅导计划的一部分，用以创建鼓励教练和辅导的组织文化。因此，要重视教练或辅导项目在组织文化和现有的系统中如何发挥作用。

参训学员需要考虑他们的教练或导师角色在各自的组织和专业机构中将如何发挥作用，这个角色如何和他们的其他角色相适应，以及如何去解决在教练和辅导实践中可能出现的职业伦理和专业方面的困境。此外，参训学员还需要考虑如何满足自己训后所需要的支持和督导。

培训的关键要素

在介绍了培训需求评估和培训项目选择后，我们现在来谈谈培训的关键要素，这些要素通常与专业教练和导师组织所要求的岗位胜任力和能力相关。包括：

- 自我意识和洞察力的发展；
- 教练技术和辅导技术的关系；
- 有关不同方法和模型的知识；
- 技能发展；
- 教练和辅导技术应用的环境；
- 工具和技术的使用。

自我意识和洞察力的发展

有效的培训项目会在学员学习的各个阶段提供发展自我意识和洞察力的机会。例如，引导学员写学习日志，绘制职业生命线（见第9章），使用心理测量工具和清单，如MBTI调查表和学习风格量表（见第1章和第3章）。

布鲁斯：我对写日志一直很怀疑，开始做起来也有些困难，然而，当我和我的学习伙伴一起回顾时，它却让我回想起了学习的一些关键时刻，它清晰地记录了我是如何转变观点、发展技能的。

阿里：在培训课上，我们描绘了自己的职业生命线，并分小组讨论了自己的过去、现在和对未来的希望。这个活动效果很好，让我审视了自己职业生涯的高峰和低谷，思考了我真正想要的未来。将来，在我和客户相熟后，如果有必要的话，我也会考虑提供这项活动。这个过程需要一个支持性的环境和足够的时间。

克莉西亚：在我的课上，我们做了MBTI调查表，结果表明我很随和、很放松。我喜欢探索不同方法以获取更多的信息，而不是随便选择一种方法。有时我发现自己很难提前或按时完成工作并常常为此自责，但现在我明白，这是一种很正常的偏好而且自有其优势。调查问卷帮助我更加接纳自己，并更加了解客户之间的差异。

菲尔：通过使用学习风格量表，我发现我的学习风格是沉思型的，我需要时间将事情考虑清楚。技能练习对我来说非常困难，但我必须坚持下去。此外，我还觉得好像没有足够的时间去做准备。我也注意到，作为一名教练，我可以接受沉默，但有些客户却做不到！

教练技术和辅导技术的关系

厘清教练技术和辅导技术的关系对于培训的所有其他方面都是极其重要的。我们对教练与辅导技术的定义是"教练与辅导技术是一种学习关系，能帮助人们对自我发展负责，释放他们的潜能，并实现他们重视的结果"。通过培训，你将学到不同的方法来建立和维持这种学习关系。你将审视自己的优势，反思与核心品质有关的发展领域，如同理心、尊重和正直。在你进行教练和辅导工作时，你应当随时寻求来自同行和督导师的反馈（更多信息请参见第 2 章）。一些课程包括个人发展小组合作，这种方式可以使你在一种安全的氛围里检验你与其他学员的关系质量和你们的交际技能。

关于方法和模型的知识

培训的一个重要作用就是丰富你的知识，扩展你对一系列方法、模型和框架的理解。如果培训的时间比较短，那么重点可能是对一两种方法的理解；但如果是任职资格培训的一部分，那就应该多介绍几种方法，而且培训的目标是使学员不仅能理解它们，而且还能应用一二并做出批判性评价。更多信息请参见第 1 章和第 7 章。

技能发展

无论你对于教练和辅导技术"知道"多少，要想成为一个高效的从业者，你都必须"有能力去做"。有效的培训应针对下列技能发展的各阶段，使参加者有机会：

- 学习技能；
- 识别所用技能；
- 在培训中练习这些技能，并及时获得反馈；
- 在培训以外的场景中使用这些技能；
- 将这些技能融入他们的个人和职业发展中。

这些技能的发展过程强调"做"而不是"说"，就像学骑自行车。刚开始，你并没有意识到自己缺乏技能，因为你不曾尝试过（这被称为“不知道自己不知道”）。然后你尝试了一下，跌倒了（这被称为“知道自己不知道”）。接下来，通过练习，如果集中注意力，你开始能保持自行车的直立与前行，从起初的几秒钟到后来的几分钟（这被称为“知道自己知道”）。最后，你能够跨上自行车就骑，而不需要再思考该怎么骑，这时的技能已经自动化了（这被称为“不知道自己知道”）。通过培训，在基本技能方面，你应该期望达到“知道自己知道”的水平。如果幸运的话，你还可能会有“不知道自己知道”的时刻！当然，走过这样一条学习曲线并不总是一帆风顺的，这就是为什么支持性的学习氛围如此重要。

卢克：当我第一次尝试练习积极倾听时，我感到毫无头绪。在实际工作中，我习惯于问封闭式的问题，总想直接解决客户的问题。我知道不该这样做，但我不知道该怎样做。然而，跟我一起合作的三个人都特别棒，是他们帮助了我。当我不知所措的时候，我们按了“暂停”键。渐渐地，我发现我可以使用这些技能了，而且效果令人欣喜。这让我开始思考如何做好自己的工作。我仍然需要我的专业知识，但我认为这些技能也是必要的。

珍娜在工作中习惯提建议。她在管理员工、培训学员时倾向于使用这种方法，但效果并不尽如人意。当员工带着问题来向她求助时，她想试着问一些开放式的问题，而不是总是提供建议和解决方案。在培训班的学习伙伴的帮助下，她找到了一些关键短语，可以在以后的工作中使用：

……关于这一点再多谈一些好吗？

……让我们核实一下，我对你的理解是……

……这对你来说是个问题，因为……

教练和辅导技术应用的环境

本书关注的是在职场中进行的高效教练和辅导。培训项目可以使参训者有机会探索与客户、组织或赞助人协商和管理合同的方法。我们期望参训者“与客户或在某些情况下与赞助人建立和维护教练和辅导合同的预期与边界”。因此，一个有效的培训项目将会探讨保密和利益冲突等问题，也会重点讨论与个人、小组或团队之间合作的差异性。探讨的主题从职场的多样性和职场霸凌现象，到如何与非自愿的客户合作。另一个探讨的重要领域是如何在其他环境下使用这些技能和模型框架，如评估或制定个人发展规划时。

工具和技术的使用

第 9 章介绍了一些可用于教练和辅导过程的工具和技术。培训的一个重要方面就是帮助教练和导师获得这方面的知识，这意味着教练或导师不仅要发展客户的洞察力和意识，还要推动他们行动并达成结果。参训学员会意识到，没有一个放之四海而皆准的对策，对某位客户可以使用隐喻去帮助他，而对另一位客户来说，可能使用角色扮演和角色转换技术更好。高效的教练或导师能够恰当而自信地应用多种工具和技术。

学习氛围

培训过程与教练或辅导的过程是并行的。在一个安全有效的教练或辅导的关系中，为了给学习创造合适的条件——学习氛围，一开始就要建立工作协议和基本规则。同样，在一个安全有效的培训项目中，也需要在一开始就建立明确的基本规则和工作协议。这可以推动学员的学习，促使他们放弃旧的行为方式和观念，并尝试新的做法。他们将知道保密是能够得到尊重的，并理解信息披露也是有合适的边界的。他们能够有足够的信心去挑战并接受挑战，并且保持互相尊重。除非万不得已，否则他们一定会准时到达。培训师应该从第一天起就明确这些问题，确保他们遵守基本规则，并通过提供大量的反思机会，及时发现任何困难。做好了这些，就能营造出积极的学习氛围。

下面描述的是一种学习氛围，选自学习公司：

- 学员在遇到问题时可以随时寻求帮助与支持，并且愿意从中吸取教训；
- 学员们愿意花时间去质疑自己的实践，对其进行分析讨论，并从中学习；
- 学员普遍具有持续改进的态度——总是努力学习，做到更好；
- 当你不知道某事的时候，在你得到所需的帮助或信息之前，询问周围的人是很正常的；

- 各种差异——年龄、性别、肤色等——都被看作学习和创造必不可少的积极因素。

如果培训是在一种积极的学习氛围中进行的，那你有望看到下面描述的一些特征。

- 支持学员尝试新技能，扩大知识面；
- 学员会收到建设性的反馈；
- 如果出现问题，培训师能够获得学员的反馈；
- 培训师和学员都对新思路保持灵活开放的态度；
- 会安排时间讨论和明确个人和小组学习成果；
- 大家互相学习，而不仅仅是从培训师那里学习；
- 培训和发展目标恰当且具有一定挑战性；
- 尊重人与人之间的差别；
- 没有人会因为性别、年龄、种族等差异而被边缘化。

回顾一个你组织或参加过的培训项目，你会如何描述它的学习氛围？哪些因素促进或阻碍了个人和小组学习？请设想一下：什么样的培训环境对你来说很重要？你想要避免的是什么？你能做些什么来帮助营造最好的学习氛围？

伦理和专业培训

如前所述，培训过程与教练或辅导过程是并行的。一个高效培训项目成功的基础是要清楚地了解培训成功所需的条件。培训项目中的伦理准则和专业标准是很重要的。培训师在工作过程中必须正直、公正，谨慎行事，这一点至关重要。这些价值准则与第 10 章中描述的伦理准则是密切联系的。表 6–1 提供了一些可用于评估培训项目的提示。

表 6–1　　伦理和专业培训

- 培训师是否公开自己的资质和背景
- 培训师是否亲身示范他们期望参训者所具有的行为
- 培训的要求和程序是否明确
- 培训师是否遵守行为守则或职业道德
- 培训师是否对所有参训者一视同仁
- 对于培训，哪些内容需要保密，哪些不需要保密，是否明确
- 如果对参训者进行评估，他们是否知道何时评估，如何评估
- 培训师是否对种族、性别等问题敏感
- 培训师是否按照约定提供培训
- 培训师是否清楚培训课程之外的其他支持
- 项目如何评估

资质

现在有大量的教练和辅导技术培训项目可供选择，从为期一天的研讨会到证书、文凭和硕士学位项目，甚至还有博士学位项目。培训的提供者包括私人组织、专业机构和大学。无论你是个人购买者还是代表公司购买课程，你都需要考虑正式的资质或认证对你来说是否重要。

有些项目是大学认可的，有些则是专业机构和其他组织认可的。提供培训项目认证的教练和辅导专业机构包括国际教练联合会（ICF）和欧洲辅导与教练委员会（EMCC）。此外，购买者可能还想知道培训师是否为专业团体的成员，以及是否遵守职业道德规范和准则。能够提供完成认证培训的证明材料是教练或导师个人认证的要求之一。

为提供资格认证而设计的课程通常是针对国家或国际教练和导师协会所要求的关键能力的。

大多数资格认证培训都包括表 6–2 所示的要素。

表 6–2　　培训项目关键要素

• 介绍一系列教练和辅导技术的模型、理论和方法
• 了解并理解工作环境
• 了解客户在教练或辅导过程的个体差异，例如，学习风格和个性的偏好
• 提升客户的洞察力和行动力
• 发展教练或导师的自我意识、自我反思、信心和能力
• 熟练使用相关模型和框架
• 恰当使用工具、技术和心理量表
• 从同行、导师和督导者的反馈中学习并对反馈做出回应
• 通过书面记录、音频和视频记录、现场演示、反思日志及案例研究等方式对上述内容留存资料

胜任力和专业化

本节将特别关注全职教练或导师，以及那些可能正在考虑购买教练或辅导服务的人。

胜任力、才能和实力

在第 2 章和第 4 章中，我们认为高效的教练或导师不仅拥有一定的技能或胜任力，而且善于在实践中反思，并能够意识到自己持续学习和发展的需求。

“胜任力”一词指的是按照公认的标准工作的能力，它暗示了在特定标准下的成功表现——例如，我们会说某位教练或导师是“符合要求的”。虽然胜任力模型近年来很流行，但也有其局限性，尤其是在管理发展方面。伯戈因曾强调的一个问题是“绩效表现是否可以拆分成胜任力要素，然后再重构”，同样的问题也涉及教练和导师胜任力。教练和辅导技术胜任力框架模型的有效性是毋庸置疑的，但同时必须考虑用“在复选框内打钩”的方式来测评胜任力，是否过于简单。解决这个问题的途径之一是确保认证过程不仅评估岗位胜任力，还评估才能和实力。

弗雷泽和格林哈尔希在 2001 年注意到传统教育和培训领域对胜任力的重视。他们断言“在当今复杂的世界，我们不仅需要培养胜任力，还要培养一个人的实力（适应变化、创造新知识，以及不断提高绩效的能力）”。这对教练和导师的培训和资格认证来说是一个挑战。健全的培训和认证程序不仅应反映教练和导师在特定时刻的胜任力，还应反映其实力，包括监控自己的表现和发展状况的意愿，以及自我反思的意愿。除了胜任力和实力，教练或导师的才能发展也很重要。这将随特定情况下个体资源的不同而变化。督导和支持，以及持续专业发展的过程，能增强教练或导师持续学习的能力，使其能够保持自身的专业度。

> 当胜任力被看作可观察的行为和技能时，绩效的高低就取决于教练或导师持续学习的能力。这种能力是不断发展的，所以合理的认证过程不是对教练或导师进行一次性的认证考核，而是要求他们提供持续学习和发展的证据，才能对其进行有效的专业注册资格认证。
>
> 伊斯特比–史密斯（Easterby-Smith）

胜任力框架

正如在第 2 章中提到的，一些关注教练和辅导技术的专业机构开发了胜任力框架，下面列出了一些例子。高效实践的九个关键原则反映了这些胜任力。我们给出的例子来自两个国际专业机构——国际教练联合会（ICF）和欧洲辅导与教练委员会（EMCC），这两个机构在胜任力发展框架以及职业伦理实践准则发展方面一直处于前沿，并构成权威许可（由 ICF 提供）和认证（由 EMCC 提供）的基础。ICF 概述了下面四组核心胜任力：

A. 基础能力：

- 遵循职业伦理准则和专业标准；
- 建立教练协议。

B. 共同建立学习关系的能力：

- 与客户建立信任和融洽的关系；
- 教练同在感。

C. 有效沟通的能力：

- 积极倾听；
- 强有力的发问；
- 顺畅交流。

D. 促进学习，推动结果产生的能力：

- 创造意识；
- 设计行动方案；
- 制订计划，明确目标；
- 管理进度和责任。

EMCC 强调了八类教练或辅导胜任力，如下所示：

- 了解自我；
- 致力于自我发展；
- 管理合同；
- 建立关系；
- 培养客户的洞察力和学习能力 ；
- 以结果和行动为导向 ；
- 使用模型和技术 ；
- 评估。

认证

目前，人们对教练和导师培训认证以及个人认证都相当感兴趣。这反映了一种担忧，即那些接受教练和辅导技术服务的人或组织应该知道如何判断教练或导师的个人胜任力和专业水平。英国特许人事发展协会在 2008 年发布了指南，为那些希望发展教练和辅导技术，并想知道应该依据什么标准来聘请教练或导师的组织提供了帮助。

培训认证的一个例子是 EMCC 颁发的欧洲质量奖（EQA），它有四个指标：能力指标用来评估前面列出的八种胜任力，分四个等级进行描述，分别是基础、从业者、高级从业者和大师。分级的原则是：在每一个更高级别，能力指标应该代表更广更深的知识、综合性更强的思想、唤起更深刻见解的能力，以及高效地处理日益复杂的问题和环境的能力。而且，处于更高级别的人，能够创造连贯一致的、独具特色的教练或辅导方法。

基础水平至少要求 20 小时的学习，而大师级水平至少要求 1800 小时的学习。其中，实践训练所占时长从基础水平的 6 小时到大师级的 252 小时不等。

个人认证的一个例子是 ICF 的认证项目，有三种类型：助理认证教练、专业认证教练和大师认证教练。每种类型都要求一定量的专项教练培训，包括教练实践时长和客户数量要求。最短教练实践时长从助理认证教练的 100 小时到大师级的 2500 小时不等。客户数量要求从助理认证教练的至少 8 位到大师级别的至少 35 位不等。

专业认证的优势不仅仅体现在结果上，还体现在漫长的学习过程中。许多人承认，他们申请认证的主要原因在于证书确实可以提高他们的声誉和职业前景。随着购买服务的组织越来越了解教练或导师的标准，以及教练和导师数量的不断增加，认证将变得越来越重要。有证据表明，这种情况正在发生。我们认为，虽然通往认证的学习之旅很长很艰难，但它同时也是一个持续专业发展和建立职场人脉的难得的机会。下面这个例子讲的是乔斯的认证经历。

我在自己的组织内部做了好几年的导师，最终我决定做兼职，因为这样我可以有时间参加一些培训，为成为一名全职教练和导师做准备。我精心地挑选了一个课程，这个课程是我们当地一所大学的学术认证课程，也是 EMCC 认证 EQA 的课程。我参加了业余班的研讨，但起初我真的很难找到足够的客户来进行实践练习并写出详细报告，而这又是我们必须要做的。最初几个月我非常紧张，但同学们帮我想出了增加工作经验时长的办法。我们每个人都有一位课程督导，我们必须给我们的教练或辅导过程录音，并且在四人行动学习小组中回放一些片段。听到别人是如何进行教练和辅导的，我感到很吃惊，但也从中学到了很多，因为他们的某些做法跟我有很大不同。

我们还得把所有的学习资料都保存起来。不断更新记录是一件相当繁重的工作，涉及课内外所有练习课程的反思日志。如果我们决定进行个人认证的话，这些记录中的一部分是可以计入个人认证所需时长的。当我仔细阅读自己的反思日志时，我意识到一开始是多么困难，我几乎都要放弃了，但是在导师和行动学习小组的大力支持与指导下，我走出了困境。教练技术的理论很有趣，但书面作业对我来说却很困难，我需要很多的帮助。在经历了一次不成功的尝试之后，我重新提交了实践材料并获得了通过！

我现在正在攻读一个学位项目，并且在努力地增加我的工作时间，这样我在完成学位项目后不久就可以申请个人认证。我想得到这个认证，因为这样我的客户（无论是个人还是组织）将会知道我有足够的能力胜任这项工作。但是，你知道吗？其实我现在想要它的原因与其说是为了满足我的客户，不如说是为了满足我自己，它能够给我一种保证，让我确信自己做的是正确的。当然，我也会犯错误，但我知道应该如何改正，以及在与客户的沟通陷入困境时应该如何推进。我也在接受定期的督导，小组的和个人的都有。这很有挑战性，但非常有价值。我相信我跟上了教练与辅导技术发展更新的节奏，并且我充分相信自己能够成为一位“出色的导师”。我打算最终得到大师级的认证，我知道这需要相当长的时间。但是在此期间，我将加入一个充满正能量、挑战和互相扶持的教练与导师网络，共同来为我们的客户服务。

总结

在本章中，我们：

- 使用了交互式提示来帮助你评估个人和组织的培训需求；
- 强调了教练和导师培训的关键因素；
- 描述了如何识别积极的学习氛围，以及如何评估培训的伦理和专业度；
- 讨论了教练和导师资格的范畴；
- 介绍了专业教练和导师组织认证所需的胜任力。

第三部分

模型、工具和技术

第7章　熟练助手模型

本章我们将详细介绍一个模型，但首先我们将评估模型或框架在教练和辅导方面总的优缺点；其次，我们会对熟练助手模型做总体介绍，并详细介绍如何使用该模型的三个阶段；最后，我们将分析一个应用熟练助手模型的例子。

熟练助手模型在世界范围内被广泛应用，并在过去的35年当中得到了杰拉德·伊根（Gerard Egan）教授的发展。20年来我们一直在培训教练和导师，他们不断地告诉我们，这个模型确实好用。他们发现这个模型及其相关技能很容易迁移到其他的职业、领导、管理和工作角色当中。本章，我们会讨论他们以及我们自己的经验，以确定与客户一起使用这三个阶段的线索和技巧。

为什么要使用模型

教练和辅导是有意识的帮助活动，光倾听是不够的。时间很宝贵，而且教练和辅导也是要付费的。在我们的工作生活中，我们经常以策略、流程和协议的形式使用框架和模型——例如，那些用于评估或呈现业务案例的框架和模型。我们把这些框架和模型装在脑子里，需要的时候就拿出来用。我们也会利用自己的个人判断及专业判断，来确定某个模型什么时候不符合我们的目的，进而寻求其他工具的帮助。在教练和辅导过程中，我们会帮助人们阐明并实现目标。我们会指导、促进客户对自我和机会的探究。我们会激励客户改变，鼓励他们行动起来。教练和辅导的专业协会和机构也会注重规范这些活动，以确保教练和导师具备恰当的知识，能够达成教练和辅导的目的。使用一些经过检验的框架或模型是保证质量的一种方法，我们在第1章中曾列举过一些这样的方法。

使用模型的优缺点

模型或框架只有在以客户为中心而不是以模型为中心时使用才是有价值的。也就是说使用模型要立足客户的实际情况，使用模型中恰当的部分，让模型跟着客户走。当教练或导师精心规划一种有意识的过程来帮助客户深化理解、确定目标和制定行动策略时，模型可以起到引导作用。然而，这种规划不应成为行动的“边界”。决定客户需要什么的是客户自己，而不是模型，任何模型都应当用来帮助客户而不是限制他们。在下一小节里，我们会说明使用模型的另一些优点，下面我们先来看看使用模型的一些缺点：

- 容易使教练或导师专注于技能和过程，而不是完全了解客户需求；
- 太拘泥于模型可能会影响教练或导师与客户之间的关系；
- 所使用的模型可能不适用于客户的问题；
- 客户可能不喜欢教练或导师选择的模型；
- 教练或导师的独特风格魅力可能会被模型削减；
- 教练或导师可能会忽略有价值的灵感和直觉；
- 教练或导师可能把握不住重要的时刻；
- 重要的线索可能被忽略，因为它们不符合模型；
- 教练或导师可能会太关注已经走到了模型的哪一步，从而忽略跟随客户的需求顺势而为。

为什么要使用熟练助手模型

通过与教练或导师建立起学习关系，教练或辅导技术为客户提供了改变和发展的机会。如果客户谈起一个问题或机会，那教练或辅导过程将使他们变得对可能性更加充满期待，并逐渐鼓起行动的勇气，做出改变，达成结果。熟练助手模型是一个很接地气、富有成效的教练和辅导模型。但与其他所有模型一样，该模型也必须根据每位客户的具体需求灵活变通而不能“一刀切”。

我们欣喜地看到，熟练助手模型在过去的 35 年中，根据持续收到的用户的反馈，在不断完善和更新。它通过人本主义、认知主义和行为主义方法来理解人，并将这些方法应用于社会心理学中关于环境和系统中的人的知识中。这是一个将理论应用于实践的很好的方法。使用熟练助手模型的好处有：

- 客户能很容易理解并应用该模型；
- 该模型的使用者觉得它的功能很强大，可以激发客户的能动性；
- 在 35 年的时间里不断发展完善，现已推出第九版（2010 年）；
- 伊根教授为世界范围内的组织提供咨询服务；
- 是一个综合性的模型；
- 重视改变，并能带来有价值的结果；
- 适合于不同的文化；
- 积极、系统；
- 是一个可以和客户分享的框架；
- 是一个可以由客户在会面之间使用的框架；
- 有助于规划教练和辅导的进程；
- 运用支持和挑战技巧实现改变；
- 教练、导师和客户都发现有关该模型的技能可以迁移到生活和工作中去。

在学习关系中使用熟练助手模型

伊根指出，教练或辅导有三个目的：一是帮助客户更加高效地管理自己的问题，充分开发那些未被利用或未被充分利用的资源和机会；二是帮助客户变得更善于自我帮助；三是帮助客户培养一种行为导向的预防性的心态。熟练助手模型能够帮助客户达成这些目标。具体来说，该模型包括三个阶段，如图 7–1 所示。

这个实用模型是分阶段呈现的，看起来合理且条理清晰，但是在使用时应根据客户的需求灵活调整。伊根常说要使模型适应客户，而不是让客户适应模型。在教练和辅导过程中运用该模型，要表现出尊重、真诚和共情。这种尊重能够确保该模型的合理利用，以及以客户的需求为出发点。它关注客户当下的境况及想要达到的境况，从而确保了教练和辅导过程的目的性。模型的基础是基本的交流技能，这些技能可以提高教练和辅导的效率。在整个过程中，有意识地培养倾听、回应和挑战的技能是很重要的。高效的教练或导师会在支持和挑战之间保持适当的平衡。

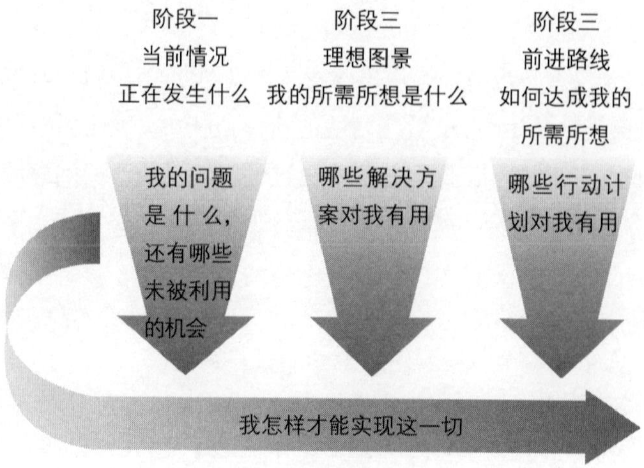

图 7–1　熟练助手模型

熟练助手模型是如何促进改变发生的

熟练助手模型的交互阶段和任务如图 7–2 所示，每个阶段都有三个任务，这三个阶段的目的是促使客户积极行动做出改变。为了促使客户改变，教练或导师必须在交流中显示出真诚、尊重和共情。教练和辅导的过程由此自然地变成了一种高效的工作联盟。经常性地坦诚评估这种工作联盟本身就是一种促进学习和改变发生的力量。

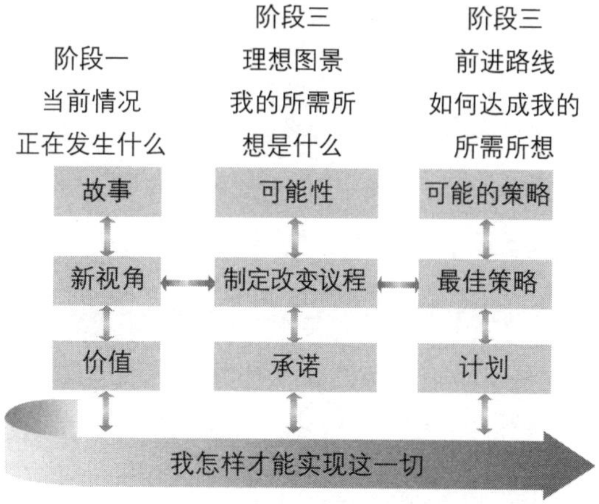

图 7–2　熟练助手模型的交互阶段和步骤

阶段一

第一个阶段帮助客户澄清需要做出改变的关键问题。达成该目的的三个任务是：（a）讲故事回顾过往；（b）形成看待问题的新视角；（c）关注那些会带来改变、产生价值的关键问题。阶段一帮助客户梳理自己的问题、关心的问题或机会，确保所有方面都得到了充分的探讨。教练或导师的技能便是帮助客户从一个整体的故事中发现看待问题的新视角，然后专注于优先考虑的工作任务，接着把客户引入下一阶段，关注未来和目标。

阶段二

第二个阶段帮助客户根据自己选定的工作任务厘清自己真正的所需所想。第一个任务是鼓励客户大胆想象一个更好的未来。这一关键阶段具有很强大的心理影响力，因为通过确定“想要”而不是“应该”，客户更有可能产生希望和动力去创造一个更好的未来。第二个任务是帮助客户从所有的“想要”和“可能性”中找到一个符合 SMART（具体的、可衡量的、能达到的、相关的、有时间限制的）原则的目标。事实上设定目标是该模型的核心，伊根将它称为“制定改变议程”。第三个任务是帮助客户检查自己对改变做出的承诺，并思考目标是否现实且有价值。当“希望改变”变成了“有勇气改变”，客户就进入了第三个阶段也是该模型的最后一个阶段，来探讨如何达成目标。

阶段三

第三个阶段帮助客户通过制定行动策略达成所需所想。第一个任务是以头脑风暴的形式列出所有可能的行动策略。第二个任务是客户通过衡量自己现有的资源来确定最佳策略。力场分析法可用来分析影响这些策略实施的有利因素和不利因素。第三个任务是制订并实施一个行动计划。

所有这些阶段的基础是激励客户不断做出改变。伊根提醒我们，谈论改变与真正行动是两码事。教练或导师应该保证客户在整个过程中都有真正的行动。行动并不总是意味着“做些什么”，它也可以是富有成果的思考和反思。会面之间的工作可以帮助实现这种持续的成长与发展。

下面我们将详细探讨熟练助手模型的步骤，重点说明每个阶段中教练或导师的工作任务。我们将使用史蒂夫的案例来探索每个阶段中的主要任务。

阶段一：正在发生什么

阶段一概述

客户通常是在遇到困境、问题或机会时来向教练或导师求助的，所以教练或导师会给客户机会谈论当下的情况。在这个阶段，教练或导师通过支持客户讲述自己的故事来建立双方之间的默契。陪伴、关注、倾听、重述、情感反应、总结、探究、澄清是该阶段所需的技能。此外，为了避免有的方面被忽视或遗漏，有必要对客户进行共情性挑战。这些忽视或遗漏可能是由于客户对问题的理解不准确造成的，也可能是由于有些资源或机会未被利用造成的。总之，通过探索，客户形成了看待问题的新视角。最后，在阶段一，教练或导师会使用聚焦和排序的技能帮助客户判断应该从什么角度切入问题，最佳的切入点应当是那个可以带来改变、增加生命价值的方面。一旦澄清了这一点，客户就可以继续前行。这一阶段的关键问题如图 7–3 所示，下面我们来详细讨论其中的每个任务。

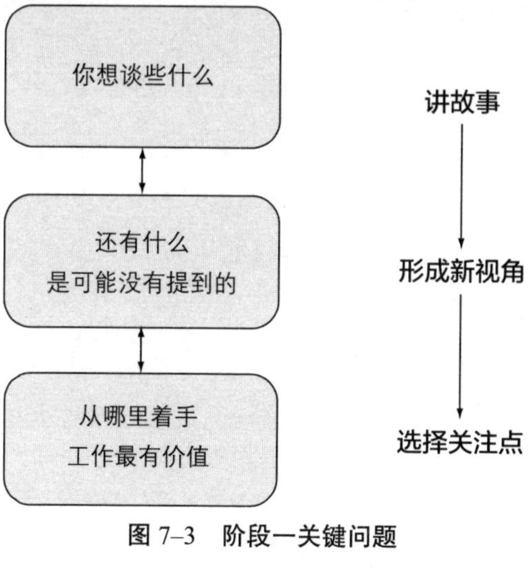

图 7–3　阶段一关键问题

讲故事

客户谈论他们想要解决的事情、问题或机会是教练或辅导过程的第一个任务，这可能发生在客户首次拜访时，也可能发生在一个长期的教练或辅导周期的任何一个时间点，需要进一步探讨问题时。

教练或导师的首要工作是鼓励客户讲述自己的故事，这时客户需要空间来思考自己真正想说什么，支持和挑战的技能可以促使客户敞开心扉，直面与问题相关的所有方面。基本的倾听技巧在这里是必不可少的，我们需要的是专注的倾听，而不是诊断式的倾听。专注的倾听包括对客户非言语信息的观察以及所使用的词语的倾听。教练或导师应当：

- 关注非言语信息，如眼神接触、面部表情、肢体动作、微笑或皱眉、语调；
- 注意非言语信息和言语信息之间有无不一致的地方；
- 仔细听客户话里隐含的思想、情感和行为；
- 适时使用沉默，给客户时间思考，鼓励他们梳理自己的思路；
- 简明扼要、试探性地重复客户所说的话，以便客户可以清楚地听到自己的表达；
- 总结解释客户的话，让他明白教练或导师已经理解了自己的意思；
- 使用开放式问题和探索来澄清客户的问题，挑战客户并确认客户的意思是否被真正理解；
- 使用询问的语气重复客户的关键词，如“生气？”“有压力？”“激动？”

图 7–4 列出了一些教练或导师在帮助客户讲述他们的故事时可能会说的一些话。

帮助客户叙事

你想谈些什么

- 今天你想谈些什么呢
- 你有什么想法
- 对你来说为什么……是个问题 / 机会
- 所以你认为……你觉得……
- 所以，如果我没理解错的话，你的意思是……
- 关于……你能再多说点吗
- 在什么情况下，你刚才提到的事情对你来说是个问题 / 机会

图 7–4　阶段一第一个任务所用到的提示语

积极倾听的技巧和提示技巧可以帮助客户放松并敞开心扉。他们也会表达出兴趣、关心和共情。罗杰斯认为，帮助者的这些品质会影响帮助者和被帮助者之间的支持关系。一旦客户察觉到教练或导师身上的这些品质，就会对其产生信任感。

信任使接下来的挑战成为可能并更有成效。在整个关系中，教练或导师一直努力在支持与挑战中建立一种平衡。太多的支持虽然会给人带来安慰，但不会带来改变。挑战可以带来改变，但如果挑战太强烈或太早，就会遭到客户的拒绝。如果教练或导师带着同理心和促进客户自我挑战的意图去挑战，那就有可能实现支持与挑战之间的恰当平衡。

形成新视角

这是阶段一的第二个任务。教练或导师继续使用积极倾听的技巧与提示的技巧帮助客户梳理自己的讲述。为了使会面继续向前推进，应注意检查是否有重要观点被遗漏。教练或导师应：

- 通过积极反馈所听到的叙述及关键词，促使客户进行自我挑战；
- 通过倾听和提出有针对性的问题来探索盲点；
- 关注客户的优势和资源；
- 鼓励客户考虑他人的观点；
- 通过反馈和解释突出任何不一致；
- 邀请客户从不同角度看待他所描述的情况；
- 检查是否有遗漏。

第二个任务是检查客户故事的真实性，回顾客户有哪些可用的资源来推动他前进，探索盲点，鼓励客户关注自我挫败的思维、情感和行为模式。同时，教练或导师还应帮助客户识别在过去曾发挥作用的优势和策略，是否可以用于现在的情况。图 7–5 列举了教练或导师在帮助客户探索新视角时可能用到的提示。

帮助客户形成新视角

还有什么可能没有提到

- 你有没有遗漏了什么
- 如果此刻某某在这里的话，他会说什么呢
- 当你以前遇到这样的情况时，是什么或谁帮助了你？你现在还可以使用这些资源吗
- 在你的生活中是否曾经存在任何思维、情感或行为模式？你想重复使用这种模式吗？还是想改变它们
- 你有哪些个人的或职业的优势可以帮你应对目前的情况

图 7–5　阶段一第二个任务所用到的提示语

两位有 NLP 背景的教练——伊顿和约翰逊概述了该阶段一个很有用的技巧。他们指出，有创造力的人会使用框架从不同角度看待事情。表 7–1 表明了如何将问题视角或限制性框架转变为有效的框架。

表 7–1　将限制性框架转变为有效框架

限制性框架	有效的框架
• 每件事情都被看作问题	• 每件事情都被看作学习的机会
• 关注一件事情的一个方面	• 关注事情整体
• 只关注你自己的视角	• 关注事情是如何影响他人的
• 关注不一致的观点	• 关注解决差异

教练或导师可以使用这些框架。比如，如果客户讲述细节很困难，教练或导师可以问他们："整体情况是什么？"这是帮助客户形成新视角的一种方法。其他方法包括让他们想象一下从另一个人的角度来看待问题，角色互换练习在这里也比较有用，该技巧将在第 9 章中进行解释。

伊根列出了一份有用的清单，有关客户在获得帮助形成新视角后可能说出的话：

- 有一个看问题的新角度……
- 有一点是我之前没有想到的……
- 有一点是我之前忽略的……
- 坦诚地讲……

- 有一点我一直没有搞明白……
- 关于这个困惑，有一点很重要……
- 事情原来是这样的……
- 事情的整个经过是这样的……
- 哦，现在我明白了……

选择关注点

阶段一的第一个任务是帮助客户对问题或机会有一个全面的了解，也就是把“拼图中的所有碎片都摆在桌面上”；第二个任务是确保没有遗漏任何重要的信息；第三个任务是确定真正重要的信息是什么，伊根将其描述为“寻找价值”，它能够引导客户找到有价值的“点”，比如，做一些能够带来改变的事情。这个任务可以使客户集中精力和确定优先级，找到他们想处理的事情或机会。

价值是问题或机会的组成部分，如果加以利用，将产生最大的影响。为了实现这一点，教练或导师应帮助客户：

- 总结所讲述的整个故事；
- 关注最重要的方面，也就是需要立即关注的方面；
- 选择下一步优先做什么。

伊根给出了一些基本原则来帮助客户决定要解决哪些问题。主要内容总结如下：

- 检查教练或辅导的类型是否正确；
- 如果出现危机，帮助客户解决危机；
- 从客户最关切的方面入手；
- 从客户认为重要的方面入手；
- 从棘手的问题中可管理的部分入手；
- 从一个部分入手，通过恰当处理带动总体的改善；
- 关注问题中利大于弊的方面。

图 7–6 列出了一些教练或导师在这个任务中可能会用到的一些提示。

因此，在阶段一结束后，客户就确定了自己可以着手改变的方面，现在他们可以进入阶段二了。思考一下，如果状况比较理想，客户会产生什么改变？

帮助客户选择重点

从哪些方面着手工作最有价值

- 所以，如果让我来总结一下，事情的关键方面是不是这样的
- 在我们谈论过的所有事情中，你觉得什么是最重要的
- 你最有能力首先解决哪一部分问题
- 我们怎么做才能给你带来真正的改变
- 你觉得什么问题是可以处理的？如果你想改变事情的一个方面，你会从哪里开始？从刚才谈论的整个状况来看，有没有一个方面是我们可以向前迈进一步，作为切入点的

图 7–6　阶段一第三个任务中所用到的一些提示语

在阶段一结束后，客户已经：

- 探索了故事；
- 发展了新视角；
- 选择了要关注和推进的事情。

教练或导师已经：

- 关注了客户的言语和非言语信息；
- 积极地倾听了客户的故事；
- 运用重复、解释和总结，有同理心地做出了回应；
- 重复了关键词；
- 使用沉默给客户提供了反思的空间；
- 使用开放式问题进行了澄清、挑战和检查理解。

阶段一的提示与技巧

以下是来自教练和导师的一些提示和技巧，可以在阶段一帮助到你。

- 专注倾听。为了支持客户讲述自己的故事，要少用封闭式问题，多用重复、解释和总结；避免诊断式倾听；多提问有助于你解决问题。
- 如果你发现自己一直在问一些客户已经知道答案的问题，迅速停下！你不需要知道客户所讲的每一件事的所有细节。
- 如果这个阶段已经变成了一个问答式的会谈，而不是“讲故事”，那就停顿一下，然

后开始解释，重复关键词或关键句。一个有用的建议是关注最近和当前的事件，关注“现在是什么，可能是什么”，而不是“过去是什么”。当这个阶段进展顺利的时候，你会感觉自己在跟随故事情节的发展，而不是引导它。

- 在这个阶段的第二个任务当中，可能会有许多新的视角出现，也可能新的视角非常少，甚至一个都没有。有时候新的视角是随着故事的讲述出现的，这时教练或导师可以直接询问客户，哪个方面最有价值，是否可以从中着手。
- 在帮助客户找到价值问题的过程中，下面这个问题非常有用：“到目前为止，在你所讲述的所有事情当中，有没有一件事情是我们可以着手去做，而它会带来真正的不同。”

阶段一应用实例

客户史蒂夫的问题是“工作似乎掌控了我的生活”。他希望在辅导中探索这个问题，并从各个方面剖析这件事情对他的影响。他谈到了不断增加的工作压力，他总是关注工作是否达到标准，于是工作时间越来越长，陪伴家人和朋友的时间越来越少。总体感觉就是，他被各种事情所驱使，而不是“坐在驾驶员的位子上”。导师帮他意识到，把工作摆在首位成了他的工作模式，这让他收获了回报，但也付出了代价。导师问史蒂夫：“如果你的同事们在这里，他们会怎么评价你？”他回答说，他觉得同事们可能会说“史蒂夫是好样的，你总能指望他把事情做好”。这个回答让他自己都感到惊讶。他意识到，虽然这是一种赞美，但正是这种感觉导致了他的问题。当被问及他的优势和资源时，他意识到，作为部门经理，他有权以不同的方式来组织工作，或许目前他还没有用过这个权力。他也意识到，因为工作占据了他的生活，他和家人以及朋友待在一起的时间越来越少了，甚至还丢掉了锻炼的习惯，而那本来是给他“充电”的。当被问及：“在我们刚才所谈论的所有事情当中，我们可以从哪一点切入向前迈出一步，让事情有所不同呢？”他意识到：“我现在需要做的，就是让我的生活恢复一种健康的平衡。”这就是他的价值问题。

阶段二：我的所需所想是什么

阶段二概述

当客户前来寻求教练或导师帮助的时候，他们是处在困境中的。阶段二会推动客户找到希望，这个希望是通过描述他们的所需所想而产生的。因此，教练或导师会提醒客户他们选择的价值问题。理想的场景是，就这个价值问题展开头脑风暴，如果教练和导师在阶段一已经很好地帮助客户拓宽了视野，那么在阶段二，他们就可以在理想的场景中探索各种令人兴奋的可能性。教练或导师会邀请客户想象所有的可能性，然后从中选取可以将其变为具体目标的一个或几个方面，这样的目标就是客户所选择的“想要的目标”，从心理学的角度来说，一个“想要的目标”是强有力的，因为改变的驱动力是内在的，而不是外在的。这个目标是客户自己选择的，是他真正想要达成的，因此更有可能被落实。在这个阶段的最后，客户会检查自己对这个目标的承诺。承诺将推动客户从有希望变成有勇气，从有勇气变成有行动。这个最后的任务会帮助客户从行动到结果，始终遵循目标。图 7–7 展示了阶段二的任务和关键问题。

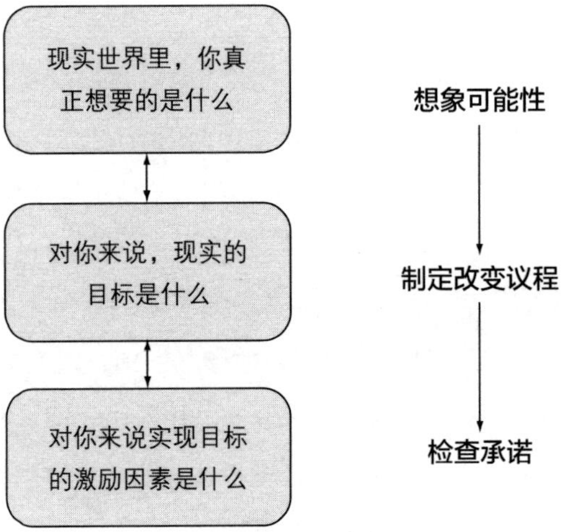

图 7–7　阶段二的关键问题

想象可能性

阶段二的第一个任务是帮助客户发挥他们的创造力，想象他们的理想场景。教练或导师常用的激发客户创造力的方法有举例、绘画、雕塑和写作，也可以运用一些可视化的或者头脑风暴的方法（参见第 9 章）。这个任务的目的是打开所有的可能性，鼓励客户以一种积极的态度来“想象不可想象的事情”，因为在这些狂野的想法中可能就有现实可能性的萌芽。在这一阶段，教练或导师会帮助客户找到有价值的“我想做什么”，而不是“我应当做什么”。

在这个过程中，教练或导师会鼓励客户在最短的时间里，产生尽可能多的想法，他们会帮助客户：

- 从他们目前的现实状况和受挫的感觉中脱离出来；
- 想象理想的未来；
- 以未来为导向；
- 关注“是什么”，而不是“怎么办”；
- 产生大量的想法；
- 在这些可能性中找到希望；
- 找到乐趣，避免自我指责；
- 允许自己做白日梦。

图 7–8 列出了教练或导师可能用到的头脑风暴提示。

帮助客户想象可能性

现实世界里，你真正想要的是什么

- 想象一下，你可以挥动一根魔杖
- 在你的理想世界里
- 继续说，可以再疯狂和古怪一点
- 在理想状况下，还有谁在那里？谁没有在那里
- 现在是未来的几个月后，你已经实现了你的理想，请把这幅图景在脑海中描绘出来……你已经得到了什么？你看到了什么
- 在理想状况下，你会想些什么？会有什么感觉
- 在理想状况下，这会带来什么
- 怎么做能锦上添花

图 7–8　阶段二第一个任务的一些提示语

一些教练或导师觉得头脑风暴很难，有些客户也有同感。在阶段一倾听客户讲述故事的过程中，应关注客户是更容易以图片的形式想象，还是通过艺术活动来想象。无论使用哪种形式，有两件事情都是很重要的：首先，重点是未来，而不是现在；其次，关注点是“你的所想所需是什么”，而不是“你如何才能得到它”。“如何”

的问题要到第三个阶段才会谈到。

制定改变议程

在帮助客户通过头脑风暴发现尽可能多的“想要做什么”后，教练或导师会帮助他们选择最现实的目标，然后向前迈出一步，把现实目标具体化，这个过程把客户从“想要”，推动到“选择”（见图 7–9）。在这个任务中，选择重要的“想要做什么”，然后把它们变成可行的目标，这一点很重要。教练或导师会帮助客户：

- 评价他们的“想要做什么”清单；
- 选择那些对他们来说最重要的；
- 思考什么是现实的；
- 从目标迈向结果；
- 明确具体目标和时间框架；
- 确立 SMART 目标；
- 检查目标的价值。

帮助客户制定改变议程

对你来说，现实的目标是什么

- 在头脑风暴的所有结果中，哪些对你来说最重要
- 哪些最现实
- 在你疯狂的想法中有哪些具有现实意义
- 这里有一支笔，在你真正感兴趣的项目下面画线
- 你能否写下一个目标，一旦达成，会将你带到理想状况
- 你如何知道是否已经实现了目标？它是可衡量的吗
- 当你实现了目标，你会有什么感觉
- 使用以下格式写下你的目标：“当……的时候，我将……我感觉……”

图 7–9　阶段二第二个任务的提示语

伊顿和约翰逊在 2001 年列出了一些很有价值的问题清单，教练在制定 SMART 目标的时候可以参考（见表 7–2）。

表 7–2　　　　　　　　**制定 SMART 目标时会用到的问题**

SMART 原则的要素	有价值的问题
具体的 确保每个人都知道目标	目标达成后，你将要做什么？下一步想要做什么
可衡量的 界定工作标准	你将如何衡量目标的实现情况？目标达成后，你会有什么感觉
能达到的 确保目标是现实的	在你朝着目标努力时，有哪些因素会阻碍你？你可以寻求哪些资源的支持
相关的 确保目标是有价值的	你和他人能从中得到什么？其他相关方是否同意这一点
有时间限制的 制定一个时间表	你什么时候能达成目标？朝着目标迈出的第一步是什么

检查承诺

这个阶段的最后一个任务是检查客户实现目标后的感受。教练或导师会问："你会对这个目标做出怎样的承诺？"如果客户没有真正致力于这个目标，那么目标就不可能实现。教练或导师可以使用成本 – 收益分析法来帮助客户评估有哪些因素会影响他们的投入度（这个技巧会在第 9 章进行充分阐释）。客户应学会区分成本和收益，凡事预则立，成本是避免不了的，但是客户可以学着管理这些成本，不让它们阻碍目标的实现。他们还可能会意识到，是什么原因导致自己以前没有去追求这个目标，或者以前为什么没有达成目标。从好的方面来说，这样做可以使客户更加清楚地意识到回报和奖励，从而增强解决问题的决心和勇气，进而增加成功的可能性。教练或导师会帮助客户：

- 确定激励因素；
- 确定成本；
- 决定目标是否值得努力；
- 检查激励因素和收获是否超过成本；
- 考虑什么人或者什么事可能会有所帮助，或者造成阻碍；
- 考虑有什么因素直到现在还在阻碍他们；
- 从"有希望"走向"有勇气"，然后是"有行动"。

图 7–10 列出了教练或导师在这个任务中可以用到的一些提示。

帮助客户检查承诺

对你来说实现目标的激励因素是什么

- 对你来说，实现目标的好处是什么
- 对其他人或你的组织来说有什么好处
- 激励因素都有哪些
- 在你达成目标的过程中，你需要付出哪些成本？对其他人或你的组织来说，会产生什么成本
- 哪些因素直到现在还在阻碍你
- 现在行动有哪些好处
- 实现这个目标真的能改善你的处境吗
- 总的来说，你想追求这个目标吗

图 7–10　阶段二第三个任务所用提示语

一旦客户致力于一个具体的目标，教练或辅导就可以进入第三个也是最后一个阶段了。到目前为止，关注的焦点一直是“是什么”：“目前的状况是什么？”（阶段一）以及“理想状况下，你的所需所想是什么？”（阶段二）。确立了目标后，客户就可以进入阶段三“如何”了。教练或导师会帮助他们计划如何才能达成目标。在阶段二的最后，有些教练或导师会认为，最重要的工作已经完成，现在客户可以自己行动了，但事实并非如此。正如在接下来的部分大家将看到的，在这个最后阶段仍然有很重要的工作要做。

在阶段二的最后，客户：

- 通过头脑风暴，找到了可能性及价值问题；
- 已经选择了一个具体目标，并将其列入了改变的议程；
- 检验了自己对实现目标的承诺。

教练或导师：

- 已经鼓励客户进行了想象；
- 使用提示问题推动客户进行了头脑风暴；
- 允许暂时搁置现实，大胆想象；

- 保持了快速有趣的节奏；
- 制定了 SMART 目标；
- 明确了对客户来说有价值的问题；
- 使用了成本 – 收益分析法，来检验承诺；
- 检查了客户对完成目标的感觉。

阶段二的提示和技巧

- 确保你和客户都明确了解价值问题，弄清这个问题将有助于想象理想的未来。
- 意识到该阶段的节奏与前一阶段大不相同。在这个阶段，教练或导师要塑造活力、想象力、创造力、希望和乐观精神。这个阶段更加乐观向上、充满能量。对一些教练、导师或客户来说，这个阶段只需自然地释放自我，但对另外一些人来说，则需要付出更多的努力。
- 如果使用头脑风暴法，那么记录下客户所说的观点是很重要的，可以询问一下他们是希望自己写，还是更愿意由你替他们写。不论哪种方式，头脑风暴的输出结果都是他们的，应当在这个阶段的最后再交给他们。客户的观点应当被逐字记录下来，不要评判和讨论。为了在最短的时间里产生尽可能多的想法，教练或导师应鼓励客户加快节奏。
- 最好的主意往往会出现在头脑风暴的最后时刻。鼓励客户持续进行头脑风暴的一个有用的提示语是："再多给我三个你此刻的想法。"
- 有些客户非常务实，觉得很难去想象理想状况。你可以这样鼓励他们："在你最狂野的梦想中……"或"如果你就是很自私……"引用爱因斯坦的话，他说过想象力比知识更重要。他说，想象力包含了整个世界，以及人类所有想要知道和理解的东西，而知识却受到我们目前认知的限制。想象各种可能性可以解放思想，新的希望往往就是从这些看似难以置信的可能性中产生的。
- 如果你已经在客户想象理想状况的过程中把这些可能性记录了下来，那就给客户一支笔，让他进行评价性思考。让他们决定是愿意逐一检查头脑风暴产生的想法，还是想浏览一下这个清单，挑出那些看上去重要的。
- 在帮助客户设立 SMART 目标的时候，要仔细倾听。没有必要费力地遵循 SMART 原则的每一个要素，但是要重视任何被 SMART 所忽略的领域。这样就自然进入了阶段二的最后一个任务：检查承诺。
- 在审视成本和收益时，要把价值观和感受以及更具体的成本和收益考虑进去。

在阶段一最后的案例中，我们了解到史蒂夫在帮助下，澄清了他想着手的关键问题。在阶段二，史蒂夫在帮助下想象了此问题的理想状况，确定了 SMART 目标，并检查了他对该目标的承诺。

史蒂夫在阶段二的工作

史蒂夫选择的价值问题是："我需要努力让我的生活回归健康的平衡。"通过恰当使用提示语，教练或导师鼓励他去思考，如果他真的做到了，会是什么样子？他被要求想象并描述，如果真的实现了那种理想的、健康的平衡，未来会是什么样子。他被问及理想状态下他正在做什么，不再做什么；他还被要求描述在理想的时光里，他的想法和感受，以及在那种理想的状态下，其他人（如同事、朋友、家人）是怎样评价他的。在他的头脑风暴清单里有很多的项目，下面只列出了其中一小部分：

- 觉得更有活力；
- 在一天结束的时候放下工作；
- 其他人说："史蒂夫认真负责，不容易被打败。"
- 回到家的时候还有能量，而不是筋疲力尽；
- 重新联系朋友，建立社交生活；
- 重新组织工作，并更加高效地完成。

教练或导师帮助史蒂夫回顾了他的清单，并在重要的项目下面画线。从这些项目中他得出了目标：从下个月初开始，我将每晚下班后锻炼 30 分钟；我将会在未来两周里与我的主管会面，商定将我的部分工作分配给团队当中的其他成员。我将感觉更加健康，并为重新掌控自己的生活而高兴。我也可能会放不下一些我已经转给别人的工作。这是一个符合 SMART 原则的目标，具体，也很现实，史蒂夫知道何时会达成这个目标。他会在两周内见他的主管，每天锻炼 30 分钟也是可控的，可以下班后步行回家，也可以去健身房。史蒂夫还被问到达成该目标的激励因素是什么？对他及其他人有哪些好处？又有哪些成本？他权衡利弊后认为这个目标非常适合自己，这会是他迈向健康的生活平衡的重要一步。

阶段三：如何达成我的所需所想

阶段三概述

对于特定的问题或机会来说，这是教练或辅导过程的最后一个阶段。客户已经设立了一个切实可行的目标，教练或导师也已经检查过它是否具有现实价值以及是否客户真正想要的。现在是时候看看如何实现这个目标了。教练或导师会帮助客户从“做什么”转变为“如何做”。

最后一个阶段的三个任务会帮助客户打开一系列不同的可能的策略，评估哪个最具现实意义，最后制订一个行动计划。在这个阶段，希望和勇气会转化成实际行动。教练或导师仍然以客户为中心，而不是指导性的。如果这个阶段过于仓促，那前两个阶段所有的准备工作都会前功尽弃。积极倾听和共情始终贯穿在为结果制订积极计划的过程中。

就行动计划达成一致意见后，教练或导师会与客户讨论计划失败时的应急方案，这是教练或导师的责任。因为行动是在学习关系中发生的，所有失败都可以被视为学习的机会而不是灾难。客户可以回来汇报行动及结果。此时，随着客户返回并继续“讲故事”，该模型的循环性就显现出来了。图 7–11 所示的是阶段三的关键问题。

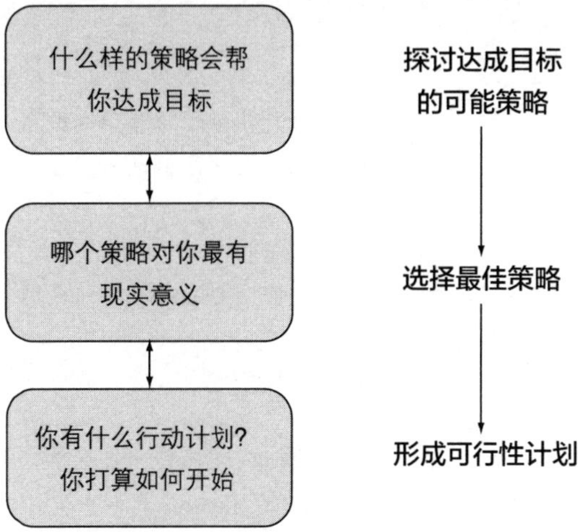

图 7–11　阶段三的关键问题

探索达成目标的可能策略

这个阶段的第一个任务是探索达成目标的可能策略。伊根提醒我们，达成目标的方法不止一两种，而是很多。这样做的目的是让客户接触到尽可能多的可能的策略，不论它们看起来是否可行。在这个任务中，鼓励那些疯狂的甚至有些荒诞的想法，帮助客户跳出条条框框的束缚进行思考，可能会产生一些原本想不到的策略。客户可以借鉴他人用过而自己从未尝试过的策略，这有助于拓宽思路。教练或导师会恰当使用提示语，但并不告诉客户该干什么，相反，他们会帮助客户：

- 重述目标；
- 运用头脑风暴法寻找达成目标的可能方式；
- 借助提示语进行创造性思考；
- 享受这个过程；
- 持续向前，不断产生新想法；
- 暂停评价或判断。
- 通过不断总结，反思回顾那些想法。

图 7–12 列出了一些提示语，可以帮助客户探索一些新的和易被忽略的策略。你也许会注意到这些提示语不是指令性的。客户会提供自己的答案。高效能的教练或导师都会避免发指令、提建议。要小心避免这样的提示语：“你为什么不……”或“这个方法挺适合我的，所以你也应当试试。”

帮助客户运用头脑风暴法寻找策略

什么样的策略会帮你达成目标

- 你能想出一些他人成功尝试过的策略吗
- 谁能帮助你
- 你最希望得到谁的帮助
- 哪些地方或组织可能会有帮助
- 你是否了解一些先例
- 你真正喜欢做的是什么
- 过去你有哪些成功的经验
- 技术（比如互联网）会怎样帮助你
- 你所能想到的最疯狂的想法是什么

图 7–12　阶段三第一个任务所用提示语

当这个任务成功完成后，娴熟的教练或导师就已经帮助客户找到了关于问题解决策略的想法并拓展了这些想法。客户的资源和能量已得到充分挖掘。客户开始看到通往目标的路径，因此他们会更加自信，相信自己有能力达成自己的所需所想。他们形成了一种“敢想敢干”的积极态度，这会支撑他们走过整个行动过程；而那些被“我不行”的态度困住的客户，则更可能在遇到一些不可避免的困难时失去动力。当这个任务成功完成后，客户就能在帮助下最大限度地利用自己的内外部资源，从而增加实现目标的可能性。

选择最佳策略

下一个任务是帮助客户决定哪种通过头脑风暴得出的策略最适合他们。教练或导师请他们挑选出最有吸引力的和与他们的资源最匹配的，这就增加了策略的可行性。教练或导师不能擅自断定哪些策略最好或最有效，这一点很重要。教练或导师应与客户一起：

- 确定最有吸引力的策略；
- 选择与客户资源相匹配的策略；
- 寻找有利因素和阻碍因素；
- 计划如何增强积极因素，减少消极因素；
- 检查是否存在意外或无用的结果；
- 思考所选策略能否达成目标；
- 检查这些策略是否符合客户的价值。

伊根列出了一些在这个阶段可能用到的问题，如图 7–13 所示。

力场分析法或 SWOT 分析法等技术可以使客户对达成目标过程中的阻碍因素和促进因素有所认识。在力场分析法中，客户可以通过明确自身、他人、工作、家庭及社会环境中的促进因素和阻碍因素，从而最小化阻碍因素的影响，最大化促进因素的力量。在第 9 章中会对这个技术进行介绍。

在 SWOT 分析法中，客户会绘制一个四方框图，来描述他们的优势和劣势，以及可能影响其所选策略的成功的机会和威胁。

帮助客户选择最佳策略

哪个策略对你最有现实意义

- 哪些策略对你最有吸引力
- 哪些与你的资源最相匹配
- 哪些最有可能产生结果
- 哪些最有利于你的目标
- 哪些最符合你做事情的风格
- 哪些是可控的、可行的
- 哪些最符合你的价值观
- 哪些带来的负面结果最少

图 7–13　阶段三第二个任务所用提示语

形成可行性计划

在该模型的最后阶段，客户会在帮助下制订一个阶段性的行动计划。可使用关键路径分析法标识里程碑和关键行动，这一技术会在第 9 章中进行阐述。检验行动计划的现实性是很重要的，同时还应当讨论制定应急方案，以便客户中途遇阻时可以有备选方案。方案实施后应紧跟评估，以及引导客户回顾过程中有哪些成功和失败、原因和教训。在这个任务中，教练或导师应和客户一起：

- 明确所选策略。
- 制订一个可行的行动计划。
- 使用关键计划分析法在时间轴上规划行动。
- 增强能支持前进的内外部奖励机制。
- 最大化地利用客户的资源。
- 制定应急方案。
- 考虑是否需要后续步骤。

伊根在 2006 年提出，教练或导师应该意识到惰性或无序可能会阻碍行动的开始或完成。

拖延症患者深受惰性的折磨，而无序则困扰着那些刚开始做但还没完成就崩溃的人。教练或导师的职责之一就是帮助客户确认这两种情况是否会发生，以及如何防止这两种情况的发生。衡量教练或辅导成功与否的唯一标准就是客户是否采取了行动、做出了改变并实现了他们的所需所想。所以，具体翔实的行动计划就显得尤为重要。在这个任务中，客户的某些技能缺陷可能是显而易见的，并且可能会影响行动的成功。教练或导师会和客户讨论这些问题，帮助他们找到对策。图 7–14 列出了一些在这个任务中教练或导师可能用到的提示语。

帮助客户制订可行性计划

你有什么行动计划？你打算如何开始

- 以终为始，要实现目标有哪些里程碑
- 你需要完成的关键任务有哪些？你打算何时完成
- 你打算先做什么？下一步呢
- 还需要谁参与？以何种方式参与
- 有哪些人或事会阻碍计划的成功
- 有哪些人或事会促进计划的成功
- 你打算对这个计划投入多少
- 惰性和无序的问题会影响你吗？你打算对此做些什么呢
- 现在我们可以做些什么来增加你的投入度
- 这个计划与我们最初讨论的故事有何关联
- 你执行该计划的最强烈的动机是什么
- 如果计划遇阻无法继续，你的备选方案是什么

图 7–14　阶段三第三个任务所用提示语

至此，我们已经成功完成了熟练助手模型的一个循环，然后在下一个环节当中，会有一个自然的反馈来汇报行动的结果。高效能的教练或导师会意识到工作不仅发生在教练或辅导会面中，更重要的是发生在教练或辅导的间隙期。客户和教练或导师一起完成的工作就是为日常工作生活中的行动做准备。

在阶段三最后，客户已经：

- 通过头脑风暴的方式找到了几种实现目标的可行性策略；
- 明确了哪些策略最符合他们的价值观和资源；
- 评估了哪些因素会促进或阻碍所选择的策略；
- 制订了具体的可行性计划；
- 制订了应急方案。

教练或导师已经：

- 运用相关提示语，推动客户进行头脑风暴并产生了策略；
- 评估了找到最佳方案的可能性；
- 运用了力场分析法、SWOT 分析法或成本－收益分析法；
- 确保了在一个明确的时间段内有具体的行动计划；
- 协助客户制定了应急预案；
- 询问了客户对这些方案的感受；
- 考虑了是否有必要去评估行动。

阶段三的提示和技巧

- 为了达成目标，要帮助客户尽可能生成一些新想法，而不仅仅是对先前深思熟虑的想法稍做修正。可以这样提问："在理想的状况下你会怎么做？"这个问题有助于激发客户的想象力。
- 花时间对头脑风暴的结果进行评价，而且评价要彻底，这样才能产生更多的行动策略。
- 力场分析法如果用得好，可以明确一些直接影响行动能否成功的重要因素。再次强调，这个过程不能操之过急。
- 在制订行动计划的关键阶段要坚持以客户为中心，不能直接给出指令。
- 画出时间轴是一种很有帮助的可视化方式，能帮助客户检查他们的计划在时间范围内是否可行。要引导客户自己画时间轴，毕竟这是他们自己的行动计划。在时间轴上标出关键的里程碑，有助于确保一些重要的细节包含在内。这样做更有助于计划的成功。
- 客户可能会直接询问你的经验，在与他们分享后记得补充一句："这只是我个人的经验，你需要思考这是否适用于你。"这样你就把评估该经验的责任交到了客户手里，确保了帮助过程仍然是以客户为中心的。
- 在这个阶段结束的时候可以这样问客户："在 1 到 10 分的范围内，你认为自己对行动计划的投入程度可以打几分？有哪些因素可以帮你更加投入？我们现在可以做些什么来增加你的投入度？"

史蒂夫在阶段三的工作

史蒂夫的目标是："从下个月初开始，我将每晚下班后锻炼 30 分钟；我将会在未来两周里与我的主管会面，商定将我的部分工作分配给团队中的其他成员。我将感觉更加健康，并为重新掌控自己的生活而高兴。我也可能会放不下一些我已经转给别人的工作。"通过头脑风暴，他为达成目标确定的可行性策略有：

- 重新加入一个健身俱乐部；
- 在家里增加一些健身设施；
- 聘用一位私人教练到家里来；
- 购买一辆健身自行车；
- 下班步行回家，而不是开车；
- 每天下午 5 点下班；
- 每周在家工作两天；
- 和我的主管在我的而不是他的办公室里见面，这样他就能感受到我的工作压力；
- 对已经完成的工作时长做好数据统计；
- 与主管商议应安排哪些人做哪些事；
- 和教练或导师演练这次会面，并充满自信；
- 事先做好充分的准备，来应对主管对“我要离开”的反应。

史蒂夫确定了四个自己比较满意的策略，并在下面画了线。其中两项针对自己每天锻炼 30 分钟这个目标，另外两项涉及工作压力的解决。然后他使用了力场分析法来审视哪些因素会有助于这四个策略的实施，以及哪些因素可能会起到阻碍作用（见图 7–15）。

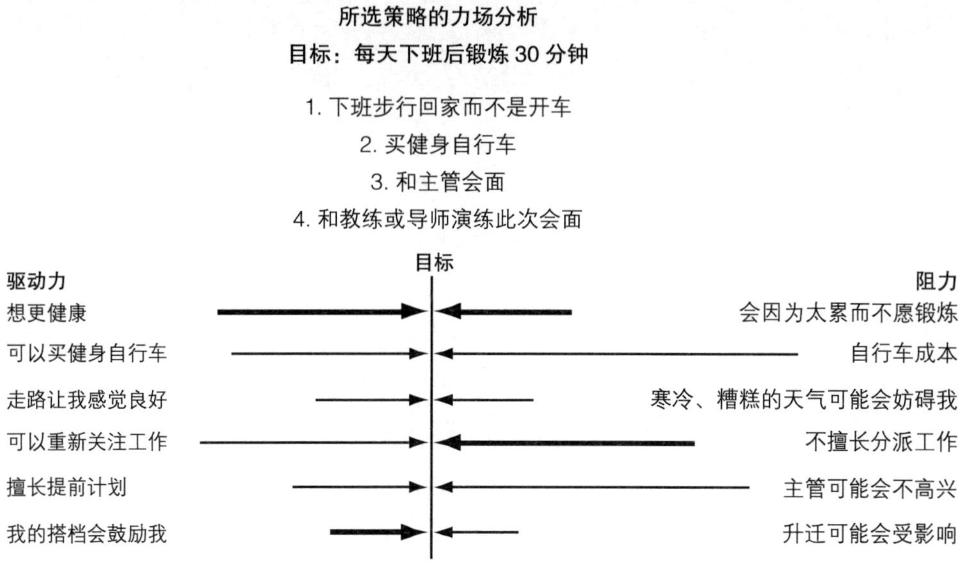

图 7–15　力场分析

史蒂夫思考了如何才能增强有利因素并降低不利因素的影响，然后他考虑了行动计划，并画出了时间线。他这样描述他的行动计划：

> 在第一个月里，每周我会有三个晚上下班步行回家，然后回顾这个计划的效果。我准备从下周一开始步行回家，如果遇到不好的天气，我会改骑自行车来锻炼。我准备安排与主管在我的办公室会面，我争取在下周会面，之前我会对他可能的反应做充分的心理准备。

史蒂夫的应急方案是：

> 如果我发现自己第一周没有坚持锻炼，那我会同我的搭档谈一谈以寻求帮助。即使下班步行回家很难实现，我也会改成骑自行车。如果无法安排与主管的会面，或者我在会面前非常焦虑，那我会像你建议的那样，和你取得联系。

始终以客户为中心

如前所述，框架和模型只有在以客户为中心时才是有价值的。也就是说，要从客户出发，让框架遵循客户的需求，只使用框架中适合教练或辅导过程的部分。在教练或辅导过程中，教练或导师也许仅仅需要对客户进行简单参与和倾听，因为客户可以利用反思空间进行自我挑战，做出行动决定。当然还有另一种可能，那就是客户渴望从教练或导师那里得到帮助，帮助他们看见理想的未来。

如果客户已经有了一个明确的目标，那他们不会愿意为了使用框架模型而刻板地从阶段一到阶段二走上一遍。明智的教练或导师会仔细倾听、检查客户的目标是否符合 SMART 原则。如果符合，那他们就可以直接进入下一阶段。然而，如果在讨论目标的过程中发现客户的目标并不清晰，或者一点也不符合 SMART 原则，那客户就应该对所选目标做进一步的说明。此外，目标也可能不是由客户本人所选择的，而是由他的经理或者好朋友、搭档或同事代他决定的，如果是这样的话，那这个目标就成了“应该”而不是“想要”。除非目标是客户真正想要的，否则收益不可能大于成本，这就是为什么有的行动会失败。当然有时候，在一个组织内，我们会被告知应当追求什么目标，不论喜欢与否。在这种情况下，教练或导师想要帮助客户就变得更加困难，因为整个大目标对客户来说可能没有意义，但是，教练或导师应帮助他们发现其中对自己有意义的部分。

回顾技巧在整个教练或辅导过程中也是必要的，因为教练或导师会关注客户的进步，并鼓励他们在两次会面之间使用框架行动。在这个过程的任何时候，客户都可以回到阶段一去讲述发生在两个阶段之间的故事。

下一章将展示一个案例研究，你将被邀请以教练的身份使用熟练助手模型来帮助客户安娜。

总结

在这一章中，我们：

- 讨论了在教练和辅导过程中使用模型的优缺点；
- 详细展示了一个模型——熟练助手模型；
- 说明了如何使用熟练助手模型的三个阶段来帮助客户释放潜能，达成他们想要的结果；
- 详细阐释了每个阶段和任务，对教练和导师可能用到的问题、提示语和干预措施给出了例子，并使用案例分析追踪了客户在各个阶段的进展；
- 为每个阶段都提供了一些有用的提示和技巧。

第 8 章　如何在实践中使用熟练助手模型

本章将演示如何在实践中应用熟练助手模型。本章将通过一个带有评论的案例研究，阐述高效能的教练或导师是如何有意识地使用这个模型的。在案例研究中，你是教练，并且在逐步使用该模型。

你是安娜的教练，她最近担任了一个领导角色。这个案例旨在帮你思考以下问题：

- 我该如何使用熟练助手模型来进行有效的教练或辅导？
- 有哪些关键原则可以帮助我高效地工作？

这个案例研究探讨了一个四次会面周期的前两次会面，你的学习关系是如何形成的？在每一次会面中，你都要和安娜一起使用熟练助手模型的所有三个阶段。在这个过程中，那些涉及熟练助手模型中的阶段和任务的内容，都将以粗体呈现。在每个阶段的最后，我都会总结模型中应用了哪些原则。

前一章详细描述了熟练助手模型分为三个阶段，每个阶段又包含三个任务。在阶段一中，客户在教练的帮助下讲述自己的故事，形成新的视角，并选择一个会使自己有所不同的问题着手。在阶段二中，客户想象更加美好的未来，选择一个现实性的目标，并平衡目标的成本和收益。在阶段三中，客户审视达成目标的各种不同的策略，选择对自己来说最合适的策略，并制订行动计划。教练和辅导技术的关键原则在第 1 章里已经阐述。

在案例研究中有一些互动的提示和问题，在不同的时刻都要求你做到以下几点：

- 反思正在发生的事情；
- 思考你的反应；
- 决定如何帮助客户。

当你看到这个符号，就会看到一个关于如何在实践中高效地使用教练和辅导原则以及熟练助手模型的总结。

使用熟练助手模型

安娜最近被提拔到了她的第一个领导岗位。她很聪明，能从容应对复杂任务技术层面的问题。她以前的老板认为她才华横溢，令人印象深刻。作为领导力发展项目的一部分，公司最近进行了反馈调查。对安娜的反馈表明，员工有时候觉得她“不太好相处”。老板已经和她谈过这个问题，也谈到了她需要一些教练技术的支持，并把这作为她个人发展计划的一部分。现在，你就是教练而且已经和安娜及她的老板见了面。你同意和安娜一起工作，并先安排了四次教练会面，每次两小时，一个月一次。你们也已经明确了工作协议，并讨论了将如何一起使用熟练助手模型来构建和支持你们的工作。

第一次会面

你是安娜的教练，这是你的第一次教练辅导，你正在思考会面将如何展开。

你对第一次会面的期待与目标是什么？有什么是你担心的吗？

阶段一：正在发生什么——故事讲述 - 新视角 - 价值

故事讲述：在第一次会面中，你让安娜讲述工作中所发生的事情，她兴致勃勃地谈论她的新工作，你一边倾听一边思考她说的含义。她说道，在进行 360 度反馈调查之前，她一直很开心。接着她用一种不高兴的语气说：“很显然是人们看待我的方式出了问题。”

你会如何回应？你可以：

- 提问：“那他们是怎样看待你的？”

• 说："是的，反馈表明……"
• 以提问的形式复述她的话："人们看待你的方式是？"

你觉得前两个选项在早期阶段实施可能会有点冒险，所以你选择了第三个。

安娜生硬地回答："哦，他们当然是不喜欢我。"她开始讲述自己对这些反馈有多惊讶，以及她是如何总能百分百地按时、按计划完成工作的，无论付出什么代价。她告诉你，她的工作要求特别高，没有时间"用那么温和的方式对待每一个人"。

你会怎么说？

• 我知道你的工作很不容易，但是你不觉得你的反应有点过头吗？
• 总是按时完成工作确实是很困难的，你也没有意识到自己已经无意间得罪了一些人。所以，听到这样的反馈，你甚至感到有些惊讶。
• 我想不论是谁处在你的位置，压力都会很大。

第一个说法缺少共情，第三个有点过于同情，所以你选择了第二个。

新视角：安娜对你的回答感觉有些惊讶，她似乎正期待着更多的挑战，但她慢慢地放松了下来，开始跟你谈起做一名新任经理是多么困难——上面的审查很严格，所以她急于要把工作做好；她还提到了持续不断的工作期限的压力，所有的担子似乎都落在了她一个人的肩上。你注意到她的言行举止变了，刚才很活泼的一个人现在变得那么安静，你的脑子里突然冒出一个词："幼小"。

你会怎么说？

• 责任都在你的肩上……那听起来像是一种负担……是这样吗？
• 在这样的压力下你有什么感觉？
• 如果你的员工现在在这里，听到了你所讲的话，他们会说什么？
• 以前你是怎样处理压力的？

所有这些回答都是有用的，可以帮助安娜把自己的故事讲清楚。她告诉你，在压力下她变得越来越颐指气使，不论是对自己还是对别人都有些专横。她的管理风格从努力保持平静、耐心变成了“蛇发女怪”。当她说到这些词的时候，她自嘲地笑了。你鼓励安娜谈谈蛇发女怪是什么样子的，她描述了一幅图景，结果你们两个人都笑了：一个蛇发女怪在洞穴里潜行的样子，吓退了所有想靠近的人。

你感觉安娜现在更愿意反思自己的行为，以及进行自我挑战，因此你决定挑战她一下：

所以，如果在洞穴里遇到了蛇发女怪，你会怎么办？

安娜立即回答：“哦，那我会像疯了一样地跑掉，能跑多快跑多快，绝对不让蛇发女怪接近我。”然后她停顿了一会儿，说道：“当然了，员工们是不会真的跑掉的。”现在她似乎更愿意反思自己的问题，她说自己在和员工交流的时候态度是很强硬的。实际上，她发现这个新岗位比自己预期的要难干，甚至有些怀疑自己到底适不适合这个岗位。她认为自己在技术层面上比在人员管理方面做得要好，这也是为什么她更愿意和你交谈，而不是和她的上司，因为她想以一种“彻底的脱离工作岗位的状态”和你交谈。

你想知道下一步该说什么来总结安娜的问题。试着完成以下句子：

“安娜，从目前的情况来看，你在这些方面遇到了问题……”

把你的答案和下面的建议相比较，所有的建议都描述了安娜可能遇到的问题。你的答案是否包含了这些要点中的一个或多个？

- 这些反馈有些让人吃惊；
- 这些反馈让你感到很受伤；
- 你发现新工作比你想象的要难；
- 你有点困惑，不知自己是否选择了正确的职业道路；
- 你一直感觉有压力；
- 你觉得自己的管理方式可能不够完美；
- 或许你觉得自己总是能够按时完成工作，却没有得到认可。

你同安娜一起梳理了她的困境，你问她是否还有任何遗漏？她回答说没有。你又问有什么资源和力量可以用来解决困境，安娜回答说自己的意志很坚定，会想尽一切办法来改善现状。

价值：你并不确定对安娜来说，到底哪些方面是最紧迫、最重要的；同时你也意识到你和安娜会面的次数是有限的，你想知道她的"这个工作适合我吗"的问题在有限的时间里能否得到解决。

接下来你会说什么？你比较倾向以下哪种说法？

- 那么，在我们讨论过的所有事情中，你认为现在最适合做的是什么呢？
- 我想知道你是否需要参加一个压力管理的工作坊？
- 或许你需要首先解决自己职业生涯中的问题。

你选择了第一种说法，因为它给安娜提供了选择；而另外两种说法只是在给出建议。

她说："嗯，职业问题是个大问题，但是或许我首先需要考虑我是否胜任这份工作。我想把工作做好，同时也不做蛇发女怪。"

至此，你已经到达阶段一的末尾，但这并不是第一次会面的结束。

第一次会面：阶段一以及所遵循的原则

你已经完成了熟练助手模型阶段一中的三个任务，借助模型你的工作变得更有目的性。

从谈论负面的 360 度反馈开始，你帮助安娜探索了这个问题对她的影响，她也谈到了自己的工作和事业。

你和安娜之间建立了一种安全信任的关系。她开始的时候神经是很紧绷的，因为她以为你会给她带来严峻的挑战，但是当她发现你给予的是支持和富有同理心的挑战时，她开始放松下来。

你引导她进行自我挑战，不断探寻看待问题的新角度。

在你的帮助下她找到了切实可行的切入点。

你注意到她喜欢自嘲，你们也能一起分享幽默。

你努力做到让安娜自主决定教练的进程，自主决定先解决哪些问题，而你来把控进程的方向。

你帮助安娜专注于她现在的切入点，同时也认为在未来她可以探索更广泛的职业问题。你想知道，如果她决定探讨这些问题，那么由她的主管来进行辅导是否更合适。

教练过程继续进行。

阶段二：我的所需所想是什么——可能性－改变议程－承诺

可能性：安娜已经明确了一些可以着手的有价值的事情——努力将工作做好而且不做蛇发女怪。你的建议是，先用文字描绘出理想情况下会发生的事情，而不是去想如何在工作上取得成功并且不做蛇发女怪。你让她想象未来，想象自己“在工作之巅，而且不再是蛇发女怪”，想象如果一切进展顺利，她会是什么样子？你注意到安娜在谈话的过程中喜欢运用视觉想象，所以你决定采用一些可能会激发视觉想象的提示语。

你可能会使用哪些头脑风暴的提示语？设法在以下内容的基础上再增加五项。

- 想象一下，如果一切进展顺利，请描述一下你的一天……
- 用语言描述一下你正在做什么？
- 在理想状态下，你会想些什么？会有哪些感受？
- 在理想状态下，人们会怎样评论你以及你的团队？

图 7–8 中列出了更多的提示语。

安娜想出了很多主意，但大部分都太现实了。你鼓励她暂时搁置现实，努力去想象没有任何限制的、绝对的理想状况。你的提示语激发了安娜的想象，她的头脑风暴清单有几页之长。逐字逐句记下她所说的每一条确实很难，但你努力地去做了。你甚至怀疑她能否对所有的条目进行分类，于是你询问她将如何挑选最重要的条目。你建议她逐条仔细思考，但安娜更愿意浏览清单，然后凭直觉划出了三个对她来说最重要的事项：

- 保持冷静；
- 我们是一个团队，而不是“我是老大”；
- 感觉更平静、更开心。

改变议程：你希望安娜可以明确她想要的理想状况由哪些方面组成，从而确定一个目标，这个目标应该能够实现，并将她带向理想状况。

> 你能想出一个可以帮助安娜制定目标的问题吗？

你这样问道，“安娜，在你划线的这些项目中，有没有一些是你可以并且想要达到的呢？”安娜的回答是肯定的，她的目标是在三个月内，使她的小组运作得像一个团队，而她也会成为团队的一员，而不是像现在这样有隔阂感。你让安娜用 SMART 原则来表述这个目标，她说：“在三个月内，团队成员会和我一起更好地工作，我会感觉更加放松。”

> 这是对目标表述的第一次有用尝试，但仍然存在几个问题，你能发现吗？

在你的帮助下，安娜重新表述了目标，做了两个重要改变。首先，她开始关注自己可控范围内的成就，把目标从“团队将要”改为了“我将要”；其次，她努力地将目标变得更加具体、可衡量。下面是修改过后的目标表述：

> 到 6 月底，我将在所有情况下都能冷静地处理工作，并和团队一起努力在规定时间内达成目标，我将感到更加快乐。

> 如果你想按照表 7–2 中的 SMART 清单来评估一下这个目标，那在这个阶段你还会问安娜什么问题？

承诺：在你开始考虑安娜如何才能达成目标之前，你要先确定一下这个目标对她来说是否合适。你询问她实现目标对她本人和其他人来说，有哪些好处和坏处、成本和收益（我们将在第 9 章对该技术进行相关说明）。她觉得好处很明显：她和团队都会更开心，一起工作的效率也会更高，坏处则不太明显。然而，她注意到自己的目标是行事更加冷静。她不太确定自己能否始终保持冷静。或许对她来说坏处就是要解决自己的情绪和“蛇发女怪”。此外，她还担心团队工作能否完成，以及质量是否会降低。

你将如何理解所听到的话，并确定这是不是安娜的正确目标？

你问安娜，考虑到潜在的成本和收益，这是否就是她的正确目标。安娜回答说这个目标很好，她想努力实现它。这样，你们就完成了阶段二。

第一次会面：阶段二以及所遵循的原则

阶段二让安娜能够先着手考虑问题的一个方面，并设想当问题有很大程度的改善时会是什么情景。

安娜觉得头脑风暴很容易，她对这个过程充满了热情——这发挥了她的长处。你也意识到头脑风暴可能是一项很有用的技术，可以再次使用它。

你注意到安娜在描述理想状况时，清晰地表达出了自己的价值取向。然而你并不确定如何将她的理想状况转变成实际目标，这个过程似乎是流动的。

你引导着这个过程。通过大量的反思和积极倾听，以及使用框架模型，你帮助安娜不断向前推进并明确了目标。你发现，在你的头脑中已经对目标形成了一个清晰的框架：“到……，我将……”。你觉得她能够设定一个在她控制范围内的目标。

当你检查她对目标的承诺时，她提到工作质量可能会受到影响。你记得早些时候，当她谈到工作时用的措辞是“无论付出什么代价”，你想知道这对她来说有多重要，以及是否应该问她这个问题。或许应该在阶段一就探讨这个问题。然而，那个阶段已经过去了，于是你在脑子里记下了这个问题，或许后面说不定什么时候就会有恰当的机会可以问。

阶段三：怎样才能达成我的所需所想——可能策略 – 最佳策略 – 计划

可能策略：离这次会面结束还有 30 分钟，你在考虑，对安娜来说最好的结果是什么，你有些担心。你不想搁置问题，但也不想强求。

你现在可能会对安娜说什么？

你说："安娜，我们还剩下 30 分钟的时间，你已经明确了目标，那么剩下的时间你是想谈一谈达成目标的方法，还是其他更有意义的事情？"安娜回答道，开始的时候自己被 360 度反馈搞得心烦意乱，但后来她把注意力放在了一些可控的事情上，所以说收获很大。她认为在剩下的时间里最好还是明确一下，在下次和你会面之前自己该做些什么。你邀请她重新表述一下目标，并说明达成目标的方式，甚至可以包括一些疯狂的、古怪的想法。安娜是这样描述自己的目标的："到 6 月底我会做到，不管在什么情况下，都能冷静对待工作；在按时完成任务要求方面，我会让整个团队都参与其中；我会感到更开心。"

你会用什么提示语来帮助安娜进行头脑风暴，想出各种不同的方法来实现她的目标？图 7–12 有一些提示语。

根据你的提示，以下是安娜清单里的一些项目：

达成我的目标的 101 种方法：

- 找一个榜样……有哪些同事做事冷静……和他们谈一谈；
- 多和团队成员交流，在任务的前端就让他们参与进来；
- 多注意自己的行为；
- 稍事休息，在匆忙发出命令之前，花点时间思考一下；
- 挑战最后期限……我是否总是需要一接到任务就行动；
- 读书，学习一些应对压力的方法；
- 参加一个放松研讨班；
- 放个假，休息一下。

最佳策略：你问安娜这些项目中的哪些是她想要做的，哪些最有价值并且和她拥有的资源最相匹配，哪些带来的负面影响最少。安娜说："当然不包括放假了，因为等放假回来会有一大堆的任务等着去完成。"你对此表示同意，所选策略不能给工作增加更多的压力，从而影响目标的实现。

安娜觉得可以记录一下工作中遇到压力时自己的行为，当压力越来越大自己会怎样做，把这个作为切入点似乎更适合自己。你询问她原因，她告诉你这样做是因为这是她每天都可以做的事情，在自己的掌控范围之内，她可以自己做记录。

计划：现在安娜已经明确了策略，你想知道怎样才能帮助她付诸行动。

你下一步该做什么？什么问题能够帮助安娜坚定行动的决心，做好应急预案，并确认行动能否达到目标？图 7–14 列出了一些提示语。

安娜承诺做以下事情，她这样写道：

- 在每天结束的时候，我会记录下任何让我感到有压力的事情，我会分三栏来记，第一栏：当时我在想什么？第二栏：我当时的感受是什么？第三栏：我当时做了什么？
- 当我意识到自己要进入"蛇发女怪"模式时，我会稍微休息一下，喝杯咖啡或到附近走走，抑或找点别的事情分散一下注意力。
- 一个月后我们再见面时，我会带着我的记录去和你讨论所发生的事情。

至此，你已经完成了阶段三和第一次会面。

第一次会面：阶段三以及所遵循的原则

在阶段三，你帮助安娜明确了她能够掌控的一些行为，这些行为不会过多地增加她的压力，比如太难或有负面结果，但需要她反思并记录自己的行为、想法和感受。

你意识到，随着教练过程的推进，你感受到了时间的压力。你记得安娜的团队成员说过，他们经常感受到压力，安娜也是如此。你有些担心你和安娜现在所进行的教练过程似乎再现了她工作中的场景。

然而，令你感到欣慰的是，虽然时间紧迫，但你还是给安娜提供了选择，让她决定如何利用时间。

你也意识到，自己忘了在会面结束前留出时间和安娜一起回顾你们的工作过程。如果那样做了，效果可能会更好，毕竟这是你们的第一次会面。你提醒自己，一定要记得在第二次会面结束前留出充足的时间进行回顾反思。按照计划，下次会面将在一个月后进行。

第二次会面

阶段一：正在发生什么

你不太确定该如何开始第二次会面，你可能会说：

- 你好，安娜，事情进展得如何？
- 你好，安娜，让我们先来看看你的行动计划进展如何？

你愿意用哪种方式提问，为什么？

你觉得最好不要对正在发生的事情做任何假设，所以你问了一个更宽泛的问题：“事情进展得如何？”她告诉你，在过去的一个月里，她真的是大开眼界。按照计划，她做了记录，并对自己的发现感到惊讶。首先，她注意到自己经常在工作中感受到压力。其次，她也意识到了自己的感受：对请求感到厌烦，对团队成员的能力和自己的能力感到焦虑，对他人不耐烦。在这些情况下，她尽量暂停工作，避免同身边的人发生冲突。

你注意到安娜对这些数据的反应和她对360度反馈的反应有什么不同吗？为什么会这样呢？把这些信息反馈给安娜，注意平衡支持与挑战。

你说：“你知道吗，安娜？当你最初谈到员工反馈的时候，你似乎不愿意相信那些事实，但今天的情况截然相反，你在挑战你自己，并觉得自己充满了能量。”安娜同意你的说法，“情况就是这样的，”她说道，“我想面对现实做出改变，现在我明白了，我需要停止做一些事情，但我不知道该怎么办！”安娜似乎有些急切，于是你紧跟她的节奏，说道：“好吧，让我们试试这个，现在选择三种你想停止的行为，三种蛇发女怪的行为和三种你想要的替代行为。”她说：“我想停止发号施令、掌控和苛求；我想开始倾听，让他人更多地参与，但并不想失控（她笑了）。”

在这一点上，你和安娜分享了一些关于有效影响者的技能的研究，并思考哪些人使用了哪些特定的技能。事实上，他们都能够做到积极倾听、让他人参与，同时又不失控。安娜对此很感兴趣，说自己很想试一试这些技能和方法，看看会发生什么。

至此，你们已经完成了阶段一，但这次会面并没有结束。

第二次会面：阶段一以及所遵循的原则

在这个阶段开始的时候，你进行得小心翼翼，因为安娜在工作中已经有很大压力了，你不想在教练过程中重现这种压力。

你邀请安娜讲述第一次会面之后发生的事情。很明显，在执行行动计划的过程中，她又产生了一些新的想法。

因为安娜很积极热情，所以你提出了一些挑战，也给出了一些新的视角。你谈到了一些有关沟通技能的研究，并提出了一些重点问题，你的问题帮她明确了价值事件，这有助于形成新的行为。

当她描述这些行为时，她谈到了对未来的期望，于是你们开始进入阶段二，谈论理想状况和可能性。

教练过程继续进行。

阶段二：我的所需所想是什么

你现在在做什么？这个阶段的哪一部分会是最有用的？

你说：“安娜，把你上次所说的和今天所说的联系在一起，听起来好像你有了一个新目标，现在可以开始行动吗？”安娜同意了，但她想先问问团队成员，看看他们有什么建议，她觉得自己应该少说多听。她的目标是：“到我们下次见面之前，我会做到在我们的周例会以及其他场合少说话，少提建议，多询问团队成员有何建议。这样做我将会感到很开心，并关注自己是否具有充分的掌控力。”

你们现在处在阶段二的末尾，这次会面的中间。

第二次会面：阶段二以及所遵循的原则

鉴于你和安娜已经完成的工作，你预感到你们可以很快明确目标。安娜开始描述她的理想行为，而目标——比如改变议程——可以从她的描述中演变而来。似乎已经没有必要再像阶段一那样刻意地使用头脑风暴了。

你没有具体询问安娜达成这个目标的成本和收益，但是你注意到她有点担心失去控制，这是实现这个目标的潜在成本。你有办法帮她解决这个问题，但你不确定自己是否给了她机会来谈论这件事情。

教练过程继续进行。

阶段三：怎样才能达成我的所需所想

这次会面还剩下一个小时。你建议安娜利用剩余时间来练习一些新的行为。可以排练一些话，并留意自己在说这些话的时候有什么感受，尤其是在多大程度上感到可控。你解释了这个过程和一些做法，你可以扮演安娜的一个团队成员，也可以由安娜一个人同时扮演两个角色——通过轮流坐两把椅子来进行角色转换（我们会在第9章中对这个叫作角色转换的技巧进行介绍）。安娜跃跃欲试，并请你扮演她的一个团队成员。你们演练了不同的场景和说话方式，安娜很受鼓舞。她说道：“当我听到自己的声音时，我感觉那一点也不像失控，事实上，它听起来还不错，很积极而不是在被动做出反应。”

安娜写下了从现在到你们下次会面之前她想尝试的一些具体行动，包括：

- 我会少说多问；
- 当我感到焦虑时，我会让我的团队成员知道，但不是通过咄咄逼人的方式，而是说：“我有些担心……”
- 遇到压力的时候，我会暂停工作，给自己时间冷静下来；

• 我会阅读你推荐给我的那些文章。

你和安娜一起核实了这些做法是否可行，以及是否符合她的目标。

作为教练，在这个阶段，你是如何影响客户的？你所做的工作有哪些潜在的优缺点？

在剩下的时间里，你建议安娜和你一起回顾在过去的两次会面中你们是如何工作的，取得了哪些成果？哪些是有帮助的？哪些帮助不大？

你会问安娜什么问题？将它们与表 2–5 中列出的问题进行比较，你认为教练过程进展得如何？

第二次会面：阶段三以及所遵循的原则

你帮助安娜从设定目标转向探索达成目标的多种方式，并最终明确了她将采取的具体行动。

你运用角色转换法，探索了可能对安娜有用的行为，并明确了最适合她的行为。你跟随自己的直觉，用了一种更加直接的方式工作，比如尝试了一些可能会对安娜有帮助的方式而不仅仅是谈论它们。她似乎很喜欢这种不同的学习方法，你们之间已经建立起了融洽的学习关系。

安娜写下了一些具体的行动计划，她似乎很有信心达成。

你对教练过程进展得如此顺利有些忘乎所以，然后你意识到自己忘了帮安娜做应急预案，如果计划进展不顺，她该怎么做？

不过，你的确记住了花时间和安娜一起回顾在这两次会面中你们是如何工作的。

基于你和安娜之间的信任，一种学习关系已经建立。你们一起工作，帮助她获得了新的视角，设定了可实现的目标。

后记

在剩下的两次会面里，教练工作继续进行。安娜通过实践、改进新的行为，获得了新的技能。随着自信心的增长，她计划拿出一天的时间和她的团队一起反思他们是如何一起工作的。她尝试了和同事交往的新技能，这样她就不必事事亲力亲为，而是说清楚自己的所想所需就行。随着自信心的进一步增加，她发现自己开始能够在最后期限前完成任务，并减少自己和团队的压力。

总结

在本章中，我们：

- 邀请你在案例研究中对客户安娜使用了熟练助手模型；
- 使用交互式提示和问题帮助你思考了如何在两次会面中与安娜一起工作；
- 描述了模型的阶段和任务，并总结了其在案例研究中的应用；
- 强调了如何使用模型和原则来支持和引导教练过程。

第 9 章　一些好用的工具和技术

引言

本章将介绍一些在教练和辅导领域已得到验证的技术。我们在自己的工作中使用过所有这些技术，并且认可了它们的价值。我们将按照你可能使用它们的顺序来进行介绍，比如使用某种框架的顺序是开始先帮助客户讲述他们的故事，然后帮助他们探讨可能性和设定目标，最后形成可行的行动计划。

这些工具和技术非常强大，我建议经验较少的教练或导师在将其应用于客户之前，先找一个安全的、恰当的环境进行演练，逐步熟悉这些技术方法。本章会通过解决以下问题来介绍每种技术或方法：

- 它是什么？
- 什么时候使用它？
- 它是如何发挥作用的？
- 教练或导师需要具备什么技能？
- 它有哪些优点？
- 它有哪些缺点？

乔哈里之窗

它是什么

乔哈里之窗（Johari Window）是一种增强自我意识、理解与他人如何互动的工具。"乔哈里（Johari）"是这个工具的发明者约瑟夫·勒夫特（Joseph Luft）和哈里·英厄姆（Harry Ingham）名字的缩写。如图 9–1 所示，这个窗口用四个象限来表示一个人，每个象限代表自我意识的一个方面。

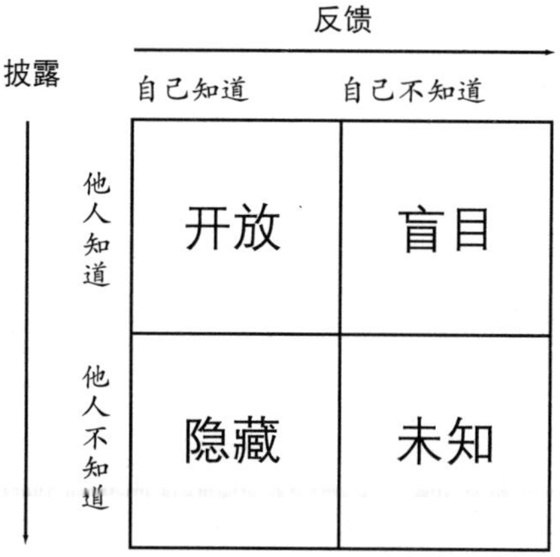

图 9–1　乔哈里之窗

- 开放区（公开）：代表所有自己知道、他人也知道的信息。
- 盲目区（盲点）：代表所有他人知道而自己不知道的信息。
- 隐藏区（隐私）：代表自己知道而他人不知道的信息。
- 未知区（潜能）：代表自己和他人都不知道的信息。

每个人都可以画出自己的窗口，反映每个象限的相对大小。四个象限可能会随着时间和情况的变化而变化。当一个人寻求信息时，比如寻求反馈，他开放区象限的尺寸就会增加，盲目区的尺寸就会相应减小；而当一个人披露自己的信息时，他开放区象限的尺寸就会增加，同时隐藏区象限的尺寸会相应减小。请注意一个象限的大小变化会如何影响其他象限产生相应变化。

什么时候使用它

乔哈里之窗可以帮助客户反思他们是如何看待自己和他人的关系的，以及他们是如何与他人交流的。它可以鼓励客户思考，比如：

- 盲目区：他们对自己的看法与别人对他们的看法之间有没有不一致的地方，如何减少这种不一致？
- 隐藏区：他们在多大程度上同别人分享了自己的想法和感受？更多（或更少）的信息披露能改善信任和关系吗？

- 未知区：他们有没有一些潜能是目前还没有被发掘出来的？

它是如何发挥作用的

教练或导师会鼓励客户画出他们自己的窗口，并尽可能详细描述每个象限以及各个象限之间的关系，他们可以讨论自己希望每个象限有多大。

教练或导师需要具备什么技能

教练或导师需要向客户解释什么是乔哈里之窗，并引导客户考虑每个象限的相对大小以及内容。比如，针对隐藏区，他们可以询问客户有关特定环境（如工作团队）的信息，或询问一些比较宽泛的内容，如：

- 你对别人谈起过多少有关你的工作和生活的背景和历史？
- 你的想法、感受，你对他人的期待，你想要什么，这些问题你能明确地告知别人吗？
- 你告诉别人的事情和你没有告诉他们的事情，会对你们的关系有什么影响？你想做出什么改变？这些改变对于改善人际关系和工作效率会有什么帮助？

它有哪些优点

乔哈里之窗可以帮助客户增强自我意识，他们可以重新审视有哪些信息是他们可以披露，或者寻求的，以及他们是否从其他人那里得到了有用的反馈。他们可以深入思考他人是如何看待自己的，以及他们的行为如何影响了别人对他们的印象。

它有哪些缺点

客户可能会觉得他们“应该”披露自己更多的信息或“应该”寻求反馈，而如果披露不当或反馈不当会给客户带来风险。教练或导师应当鼓励客户自己思考哪些信息是安全的和合适的，但应当避免给客户留下这样的印象：不管情况如何，反馈和披露信息总是有用的。

沟通分析理论

它是什么

沟通分析理论（TA）是一种通过观察人们之间的交往来理解人际关系的方法。

该理论认为，在与他人进行的任何交流中，我们都可能处于以下三种自我状态中的任何一种：父母、成人、孩子。有时候我们可能会受阻，只能从其中一个角度进行，而理想状况是我们可以根据场合需要在三种状态之间自由转换。

什么时候使用它

教练或导师可以使用沟通分析理论来帮助客户理解为什么某些关系出现了问题，要么是客户被“卡住”了，要么是他们正在打交道的那个人被“卡住”了。总之，与他人交往时的自我限制模式会持续存在。可以使用这一理论来强调这些问题，并训练交往双方做出不同的反应，从而让彼此感觉更好。这个理论赋予了客户新的视角和资源。

它是如何发挥作用的

在与他人交往的某些情况下，我们可能会倾向于回归某些行为模式和思维方式。这些倾向可能是由交往对象的行为所激发的。要想改变我们的行为，我们需要审视这些行为模式，并且要发自内心地渴望改变。

在图 9–2 中，你会发现，每个人都能根据交往场合的不同，在自我的三个状态

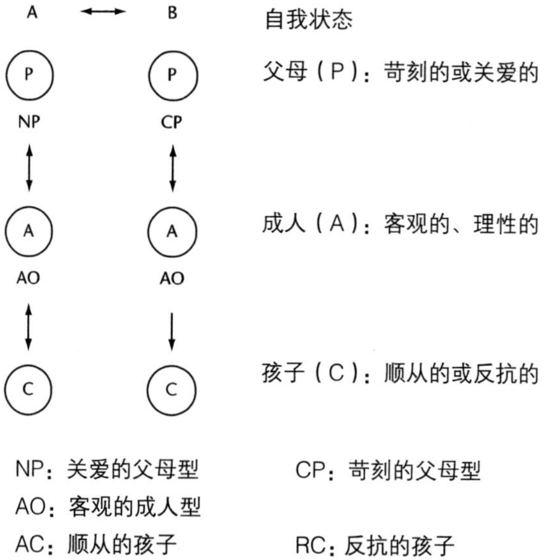

图 9–2　人际交往和自我状态

之间进行转换。如果 A 在交往中呈现的是“父母”状态，便会激发 B 的“孩子”状态。表现出“父母”状态的这个人要么比较苛刻，要么比较关爱，不论哪种方式，他们都不允许另一个人在交往中表现出“成人”的自主状态。其结果就是，B 会以“孩子”状态来回应，要么过度服从和适应，要么反抗。有时候这种交往方式是有用的，但通常适得其反。

有时候，一句话或一个场景就能激发某种反应。一个强横的经理可能会激发同事们的逆反心理，从而使他们变成“反叛的孩子”。教练的任务就是帮助客户意识到正在发生的事情，并练习一些不同的反应。

教练或导师需要具备什么技能

以下这些技能都很有用：

- 倾听有关人际交往的故事；
- 识别主题或模式；
- 将这些反馈给客户；
- 用图表的形式向客户解释父母、成人、孩子这三种不同的自我状态；
- 给出具体实例；
- 让客户练习这三种不同的自我表现形式。

以下是一些陈述和回应的重构：

- **欺凌或骚扰：**
  - 你明天必须完成那项工作，否则我会向经理汇报（苛刻的父母）；
  - 不，你不能汇报。我想什么时候完成就什么时候完成（反抗的孩子）；
  - 我会尽最大努力完成工作（成人）。
- **表现不佳：**
  - 这些部门会议真是浪费时间，从来没有人提出过什么好的想法，我再也不想浪费时间参加这样的会议了（反抗的孩子）；
  - 在这件事上你没有选择权（苛刻的父母）；
  - 你能否告诉我们采取哪些措施能让这些会议对你更加有用（成人）？

它有哪些优点

TA 是一种快捷的方法，能帮助人们通过做出小的行为改变，产生非常不同的交往结果。这一理论可以用于个人交往、团队工作、组织会议和社交。它能够阻止问题升级和改善人际关系。

它有哪些缺点

它的主要缺点在于，客户也许能够认识到自己在人际交往中的行为模式，但在短期内却很难改变回应他人的方式。除了教练或辅导之外，客户可能还需要其他的帮助，比如咨询。

卡普曼三角形

它是什么

卡普曼三角形是一种观察人与人之间互动方式的方法。人们有时候会陷入一些无益的行为方式中，自己却毫无察觉。而如果他们意识到某种模式的存在，他们就可以选择改变，以一种更富有成效且令人满意的方式与他人交往。卡普曼三角形描述了一整套无益的行为模式或“剧本台词”，包括三种角色：迫害者、救援者和受害者（见图 9–3），这些角色指的是思维状态。

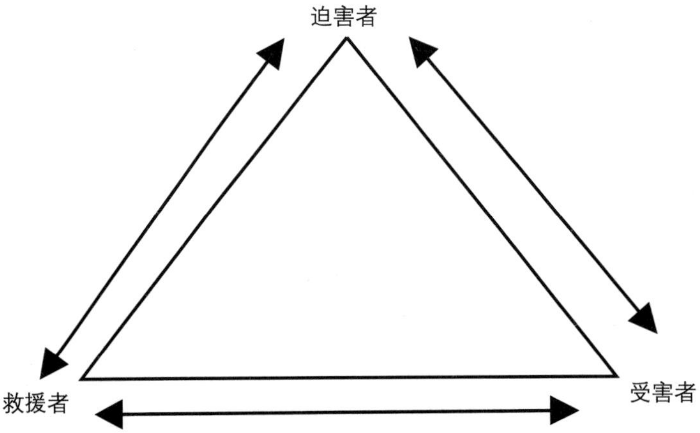

图 9–3　卡普曼三角形

迫害者角色：都是你的错；受害者角色：可怜的我；救援者角色：让我来帮你。这些角色是相互依赖的，所以如果一个人跳出了剧本或改变了角色，另外两个角色也会随之发生改变。

什么时候使用它

卡普曼三角形可以帮助客户意识到自己人际交往的模式，这些模式他们以前没有察觉，但却限制了他们的行为和潜能。它还能帮助客户改变行为，用与以往不同的方式去思考、感受和行动，甚至帮助客户洞悉他人之间无效的群体动力。

它是如何发挥作用的

客户也许会注意到，在一个特定的棘手的状况下，他们会习惯性地陷入一种角色，用一种可预测的方式回应他人，他们会通过这个角色解释所经历的事情，所以这种情景就变成了一个自我实现的预言。比如，客户可能会有一种无助或渺小的感觉模式（受害者），会寻求他人（救援者）的帮助。他们会发现自己在一些重要的事情和决策中被忽视了，或是当事情出错时会被“迫害者”指责。挑战这种“受害者”心态，能帮助客户重新找回个人力量，使他们变得更加坚定，能为自己的行为负责。同样的道理，“救援者”会意识到其他人可能不想要或者不需要救助，如果他们不能挽救他人，那也不必感到内疚；“迫害者”也可能会意识到，自己不能总是为他人以及他们的行为负责。

人们会发现，当对另外一个人的行为做出反应的时候，自己就会表现出其中的一种角色。卡普曼三角形认为“受害者”“迫害者”和“救援者”三个角色在一个人身上是可能同时存在的。这种动态会随着人们陷入其中而不断循环。人们被困在自己的角色里，意识不到自己的特定行为会受其影响，卡普曼把这种现象称为“戏剧三角”，带有可预测的戏剧情节。比如一个“救援者”会发现自己没有成功救援“受害者”时，会被“受害者”指责和埋怨，这时“救援者”就变成了“受害者”，而“受害者”则变为了“迫害者”。

如果客户能够注意到这个过程，并通过调整自我形象，选择以不同的方式回应别人，那么他就可能改变这个动态过程，比如：

从：

我必须照顾每个人（“救援者”）。

变为：

人们有时候需要帮助，有时候他们能够照顾自己。

从：

我能力欠缺，没有希望（“受害者”）。

变为：

我既有能力也有弱点。

教练或导师需要具备什么技能

保持敏锐以及合理安排时间的能力都是需要的。对客户来说，改变自我认知以及在世界上的自我定位不是一件容易的事情，尤其是当选定的角色已经严重影响了他的生活时。然而客户的情况也是因人而异的，有些客户很容易接受新的观点，这也许是因为他们的角色选择仅影响了某种特定情况或某个群体的人。教练或导师需要在支持和挑战之间保持平衡，要意识到尝试新行为可能会给客户带来的影响。此外，更加深入地解读也可能会帮到客户。

它有哪些优点

卡普曼三角形可以把客户从旧的、内化的剧本中解放出来，同时使他意识到，同事、朋友和家人也同样被困在某个角色里。这就能促进客户尝试不同的交际策略，其生活也可能会因此产生重大改变。

它有哪些缺点

有些客户可能会觉得，重写已根深蒂固的剧本非常有挑战性。当他们尝试新行为时，同事、朋友可能会很开心，但也可能会很沮丧，客户也许需要帮助才能意识到，正是剧本的固化限制了他们的行为。此外，教练或导师（他们也有自己的剧本）也应当清醒地意识到，在教练或辅导过程中，双方也在按剧本扮演“迫害者”“救援者”或“受害者”。

职业生命线

它是什么

职业生命线是一种帮助客户回顾职业生涯发展与生命中其他重要因素之间关系的方法。客户画出一条生命线，然后根据这些信息讨论未来的职业生涯规划。

什么时候使用它

它既可以用在建立一种新的教练或辅导关系时，也可以用在第一次教练会面的准备阶段；或者用于下面这样的场合，比如，当客户正在思考做出重大的职业转变时，它可以帮助客户：

- 增强意识；
- 明确选择；
- 找到外部影响因素和内部驱动力；
- 关注主题、模式或趋势；
- 把握好做决定和行动的正确时间；
- 识别影响选择和决策的因素；
- 识别威胁；
- 澄清价值观；
- 联结过去与现在；
- 联结现在与未来；
- 明确资源与策略。

它是如何发挥作用的

客户需要按时间绘制一份表示自己职业生涯发展的图示。他们可以选择画一幅在一个时间段内的图或者其他的可视化形式。如果生命线是以时间轴的形式画出的，那么横轴代表年龄，竖轴代表满意度（见图 9–4）。一条线表示职业发展过程，另一条线表示可能影响职业生命线的重大生活事件。

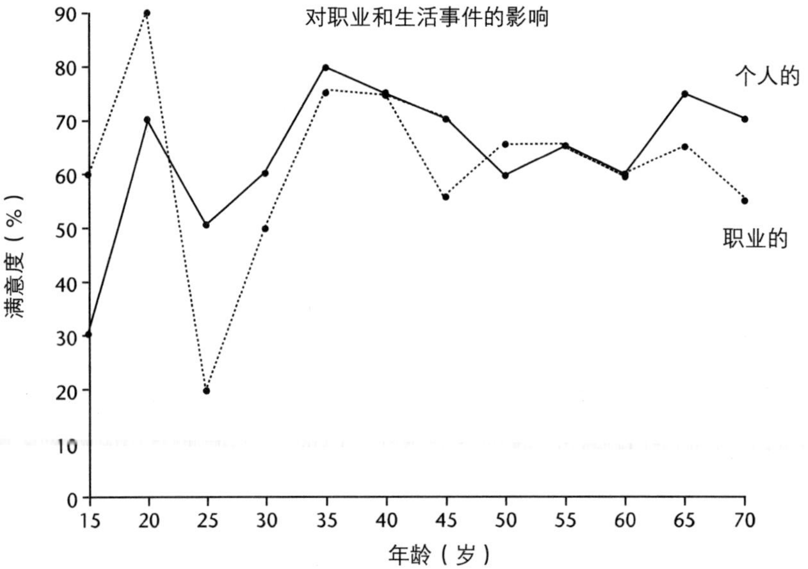

图 9–4 职业生命线显示了生命过程中的起伏

图中虚线代表从 15 岁到 70 岁的职业发展过程，实线是个人的生活过程。实线与职业线有时交叉，有时平行，有时重叠。在这个例子中，早年的职业和生活满意度下降相当明显。有些客户发现生活事件和职业发展之间的关系非常有意思。而另一些人则更愿意关注职业生命线而不是个人生活线。观察图上明显的转折点，探讨客户当时做了哪些重大决定，有哪些可用的资源，哪些因素影响了决策，以及对现在有什么启示是很有意义的。

当生命线画好之后，可以用一些提示语引导客户进行反思。教练或导师可以向客户提供一系列问题，然后客户可以自行选择他们认为有用的问题来探究：

- 在你所画的线上，你注意到了什么？
- 你的职业生涯有什么模式和主题？
- 你是如何做出教育和职业决策的？
- 谁帮你做出的这些决策？
- 是什么明显的内在力量促成了线上的高点？
- 有哪些外部力量影响了线上的高点？
- 哪些因素促成了线上的低点？

- 关注线上的低点，并思考你本来可以做些什么，来使情况有所不同?
- 对你来说最重要的事情是什么?
- 找出三个帮你渡过难关的优势。
- 你现在的工作最重要的三个特点是什么？
- 对于工作和生活的平衡，你的优先顺序是什么?
- X 年以后，你希望自己的职业生涯是什么样子的?

有些人觉得画线条太有局限性，更愿意画一幅画来描述自己的职业生涯发展。但这幅画也需要按时间顺序展示出职业发展与生命中重大事件的联系。

教练或导师需要具备什么技能

这个练习需要大量的时间，必须小心处理。教练或导师需要留出足够的时间进行充分的描述。积极倾听、开放式提问、反思、解释、总结的技巧都是必要的。此外，一些支持性的挑战也是有必要的，能够促进接下来的头脑风暴的进行。这个练习至少需要一个小时的时间。

它有哪些优点

职业生命线可以作为一种寻找优势、资源和价值的方法，它提供了一种创造性地看待职业发展的方式，也为教练或辅导过程提供了一种好的结构。

它有哪些缺点

这个方法可能会触发一些需要小心处理的回忆，比如让某人回顾过去可能会让他想起生命中的困难事件，教练应准备好在必要时提供进一步的帮助和支持。

头脑风暴

它是什么

头脑风暴是一种通过刺激大脑右半球来激发创造力和横向思维的技术。它鼓励希望、观点、可能性和乐观，不鼓励批评和评价。它关注的是未来和可能性，而不是当前的状况和事实。

什么时候使用它

头脑风暴可以帮助客户针对当前状况的某些方面，描述心中未来的理想状况。它可以帮助客户创造性地回答诸如“你希望事情在理想状态下如何”“除了你所拥有的，你还想要什么”等问题，也可以促使客户创造性地思考实现目标的不同方法，如通过思考“实现目标的 101 种方法是什么”。

它是如何发挥作用的

教练或导师先引入情境，并简要介绍流程，为成功的头脑风暴创造条件。他们鼓励客户在既定时间里多想象未来，而不是停留在现在。教练或导师强调客户可以做到：

- 思考自己的理想；
- 想象自己在未来的状态；
- 关注理想状态下正在发生的事情；
- 尽可能多地想、尽可能快地想；
- 享受这个过程，接纳任何想法（比如一些疯狂的甚至看起来不合情理的想法）。

客户要基于他们所选择的问题来想象，在理想状态下，如果事情得到了很大程度的改善，会发生什么？他们被要求用语言描绘出他们喜欢的未来，就好像他们已经在那里了。教练或导师会提出问题，然后逐字逐句地记下客户的回答。头脑风暴阶段的目的是产生尽可能多的想法，这些想法的质量并不重要。因此即使客户感到没什么可说的了，想法已经枯竭了，也要鼓励他们思考。可能用到的提示问题有：

- 你在哪里？
- 你在做什么 / 想什么 / 有什么感受？
- 你已经取得了什么成就？
- 你已经摆脱了什么？
- 你已经得到了什么？
- 在你最疯狂的梦想中……
- 理想情况下，这会带来什么？
- 如果你可以挥动魔杖……
- 理想状况下，别人会怎样评价你？

在头脑风暴阶段结束的时候，客户会回顾这些想法，并在帮助下明确最重要的想法，然后制定现实目标。头脑风暴也可以被用来寻找实现目标的可行性策略，过程是相似的，重要的区别在于客户要思考在理想状况下，他们将如何达成目标？通过头脑风暴这个问题的答案，客户能够判断哪些现实性策略是行之有效的。

教练或导师需要具备什么技能

头脑风暴是一种快节奏、积极向上的过程。教练的风格应当能够塑造希望和乐观主义精神。教练或导师必须保持专注、精力充沛、积极，并鼓励客户产生尽可能多地回答——重数量，而不是质量。他们需要鼓励客户关注未来、大胆思考，因为可能性的种子通常隐藏在不切实际的想法中。有些客户可能更愿意画画而不是交谈，所以可能需要准备彩笔。

它有哪些优点

头脑风暴是一种有效的鼓励客户克服困难和障碍的方法，能解放他们的思想，帮助他们进行横向思考，获得对他们来说非常重要的未来要素。头脑风暴可以强有力地帮助人们明确自己真正想要的是什么，而不是别人眼里他们应该有什么，或者他们自己认为可以获得什么。这种方法可以探寻客户的价值观，帮助他们确立目标和现实的行动策略。

它有哪些缺点

头脑风暴的功能很强大，既有潜在的优点，也有隐含的危害。面对现实和理想之间巨大的鸿沟，不应让客户感到孤立无援，因为这可能会使他们陷入绝望和无助。如果可能的话，应当留出时间来帮助客户明确现实的与可行的要素，或是通过头脑风暴的输出找到行动方法，使他们在未来和现实之间建立联结。另外，当客户对头脑风暴的问题做出意料之外的回应的时候，他们自己可能都会感到惊讶，因此应当提前清晰地解释头脑风暴的流程，确认他们已准备好进行尝试。在头脑风暴之后，他们或许需要时间来讨论一下自己的成果和任何“意外”的反应。当然也有一些人会觉得头脑风暴很难，敏锐的教练或导师会拓展客户的能力，但不会过于挑战或固执地使用对客户并没有什么帮助的技巧。

可视化

它是什么

可视化是一种帮助客户想象理想未来的方法，它可以是关于如何改进现在的工作，也可以是关于一份新工作、新职业或对未来的任何打算。

什么时候使用它

当我们想鼓励客户大胆地设想一种不同的或更好的未来时，可以把它当作头脑风暴的替代方法，在恰当的情境下探寻客户的需求。如果客户感觉进展不顺，需要在帮助下探寻可能性，也可以使用这个方法。此外，它还可以用于比较两个或多个不同的可视化场景，并依次进行说明。

它是如何发挥作用的

向客户解释可视化方法的过程，询问是否对他们有帮助。

确保客户在感觉舒适的状态下闭上眼睛放松；让他们在指导下进入放松状态，但不能睡着；你可以慢慢地提醒他们放松面部肌肉、下巴、脖子、肩膀、胳膊、双手和手指，然后缓慢而深长地呼吸，慢慢放松胸部、腹部、臀部、腿、脚和脚趾。

引导他们想象自己的理想，比如想象未来的一个工作机会。假如现在是几个月后，他们已经从事这个工作一段时间了，让他们花点时间进入那个画面，想象他们在做什么，和谁在一起，在什么地方工作？有何感受？

当客户描绘了一幅相对完整的图景时，你需要要求他们继续闭着眼睛想象。当他们准备好了以后，询问他们看见了什么。如果需要，可以通过提示性的问题，进一步挖掘细节。

当他们向你描述了一幅很完整的图景之后，你可以慢慢地引导他们走出想象。你可以说："现在你要慢慢地离开那幅图景了，请慢慢地睁开双眼，回到这个房间，和我在一起，回到 × 年 × 月 × 日的 × 地。"

当客户睁开双眼后，检查一下，确保他们状态良好。

现在可以再描述一遍可视化的过程，帮助客户总结对于未来的工作他所发现的理想图景是什么样子的；他们也可能已经明确了自己不想要什么。

最后，可视化训练应当帮助客户评判现阶段要想确定某个目标，有什么现实性的准则。

教练或导师需要具备什么技能

可视化是一种创造性地获取想法的方式。教练或导师需要表现出放松和冷静，最好由有经验的教练或导师进行操作，并且在实施之前给客户提供一种安全且恰当的环境。应当提前向客户解释可视化的过程，询问他们是否愿意这样做。当客户进行可视化训练的时候，教练或导师需要观察他们，确保他们是放松的。如果有任何迹象表明客户感觉不适，都应当立即审查这个练习的过程，确认客户是否想停止。可以使用恰当的提示性语言来指导可视化的过程（可以参考本章关于头脑风暴部分的阐述）。此外，严密的时间安排和总结，是这个练习安全性的关键。

它有哪些优点

可视化的方法解放了想象力，这对客户来说是非常有益的。该方法可以帮助他们探寻新的令人激动的可能性，同时还是一种比较不同场景的有力工具。

它有哪些缺点

有些客户可能不喜欢放松练习或是觉得进行创造性想象比较困难。对此进行检查是很重要的。同时，如果客户发现当前的现实和未来的梦想之间的差距是如此巨大，也很容易感到沮丧。这种情况是需要处理的，应当留出足够的时间进行充分的过程回顾。然而，大部分客户感觉这个练习是充满能量、振奋人心的。教练或导师需要确保客户在进行可视化体验之后安全“着陆”，这个过程应当在会面结束之前进行。

角色互换法

它是什么

角色互换法可以为客户提供机会，通过角色扮演学会以新的视角看待问题。它是由格式塔疗法中的“空椅子”技术发展而来的。

什么时候使用它

当客户讲述自己的故事时，为了开发新的视角和挑战盲点，该技术是非常有用的；当尝试新的谈判方式或培养决断力时，该技术也很有帮助。

它是如何发挥作用的

教练或导师邀请客户描述一个和某人交流遇到困难的典型场景，或者是客户想要演练一个面试或会议。他们需要准确描述对方是什么样的，可能会说什么，会有什么感觉，以及可能会做什么。

在角色扮演中，客户扮演他本人，教练或导师扮演那个难相处的人 A。这个模拟场景可以很短，但必须留出足够的时间来表现典型的反应。

然后双方一起回顾刚才的角色扮演，由客户来评价教练或导师对 A 的扮演是否准确，以及有何感悟？

接下来可以重新演练相同的场景，但是尝试不同的回答。

接着，可以由客户扮演 A，而教练或导师则扮演客户。这样做有助于客户理解 A 这个人。

在这个练习结束的时候，要澄清哪些部分是角色扮演，哪些是现实。

教练或导师需要具备什么技能

教练或导师需要具备角色扮演的技巧，这需要明确的指示和根据情况在角色之间灵活转换的能力。事后反思并解释的技能也很重要，可以确保客户不会困惑。此外，教练或导师还需要保持敏感，因为角色扮演的过程可能会触及一些以前不被客户承认的想法、感受和行为。

它有哪些优点

角色互换可以让教练或辅导过程变得生动活泼；可以快速发现在一个困难的互动中究竟发生了什么；可以使客户在安全的氛围中练习共情、决断及谈判能力。

它有哪些缺点

如果能够认真实施并留下足够的时间进行反思说明的话，那这个技术没有缺点。

然而教练或导师不能想当然地认为客户肯定愿意进行角色扮演，有些人根本就不喜欢它，还有些人发现很难以一种人为的方式投入角色，甚至还有些人很容易进入角色，但随后却发现这个练习触及了自己某根敏感的神经。安全意识强、比较明智的教练或导师会很谨慎，并随时做好快速调整适应的准备。

成本-收益分析法

成本 – 收益分析法是一种对行动过程中的预期成本和预期收益进行比较的技术，目的是决定是否继续向前推进。它也可以用来比较几种可能的做法，以选择最优。成本 – 收益分析法的简化版本，可以帮助客户评估目标，以决定是否继续向前推进，或者是否需要重新设定目标。

什么时候使用它

当客户需要检查自己对目标的承诺或者评估行动步骤的时候，可以使用此技术。

它是如何发挥作用的

客户首先澄清目标，然后列出达成目标所有可能的好处：对自己、对他人，或往大了说，比如对部门、对组织或家庭，然后列出相应的坏处。

这两列要素可以看作天平两端的砝码，客户可以借此评估收益是否大于成本（见图 9–5）。

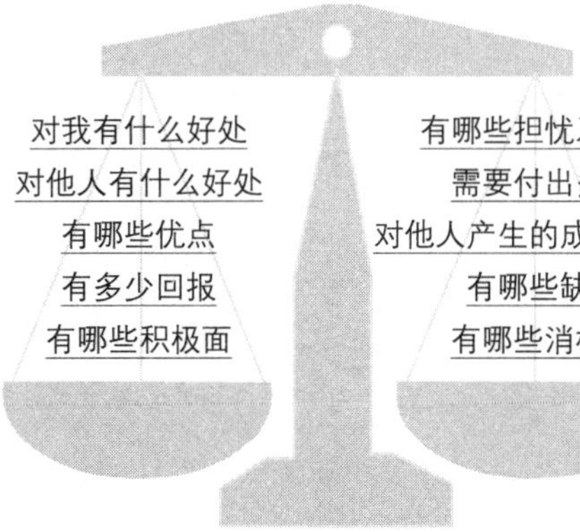

图 9–5　成本 – 收益分析

教练或导师需要具备什么技能

教练或导师需要使用提示性问题，来帮助客户明确所有的成本和收益，包括某些可能会被忽略掉的。

它有哪些优点

该技术可以明确所选目标的优势，从而强化对它的投入程度。它还可以通过明确成本，帮助客户思考收获与付出是否对等，或者某些代价是否可以最小化。该技术可以保证客户真正致力于对他们来说现实的目标或行动过程。

它有哪些缺点

客户可能会发现目标或行动方案不切实际，不适合自己，可能需要暂停反思下一步该怎么做，或者是否需要进一步探讨问题。客户可能会把这种情况看作失败，从而灰心丧气，这时，教练或导师需要提供必要的支持。

工作轮 / 生活轮

它是什么

工作轮和生活轮可以精确地描述工作及生活中的行为活动，可以用来探讨满意和不满意的领域，也可以用来管理工作 – 生活平衡问题。

什么时候使用它

当客户想要对工作与事业或工作与生活的平衡问题做决策，并对其排列优先顺序时，可以使用该技术。它也可以用来帮助理解为什么客户会在工作或生活中感到有压力、动力不足或意志消沉。

它是如何发挥作用的

教练和导师会广泛采用这个工具，以工作轮为例，教练或导师会通过一张空白模板，呈辐射状展示 10 种可能。图 9–6 给出了一个例子，显示的是客户确认的 10 个方面。其中，客户认为（1）“写报告” 价值最低，而（10）“领导” 是最有价值的。

首先，教练或导师邀请客户列出工作的 10 个方面，写在工作轮的空白处（如

图 9–6 所示）。其次，教练或导师给他们提供 10 张标着数字 1 到 10 的小贴纸。客户要把这些贴纸，根据对各部分工作所赋的值贴到轮子上对应的框中：1 代表满意度最低，10 代表最高。最后，他们被要求思考每项工作所花费的时间比例。例如，客户可能会把数字 10 贴到“领导”这一项上，表示该方面工作的价值最高，但分配给“领导”工作的时间百分比仅为总工作时间的 20%。

客户可以立即看到满意和不满意的地方，也能更清楚自己在工作中看重什么。他们还能看到自己所需所想的和真正得到的之间的差别。如果这就是他们目前工作状态的真实体现，那教练或导师可以邀请他们就理想中的工作重复这个练习并比较这两个轮。

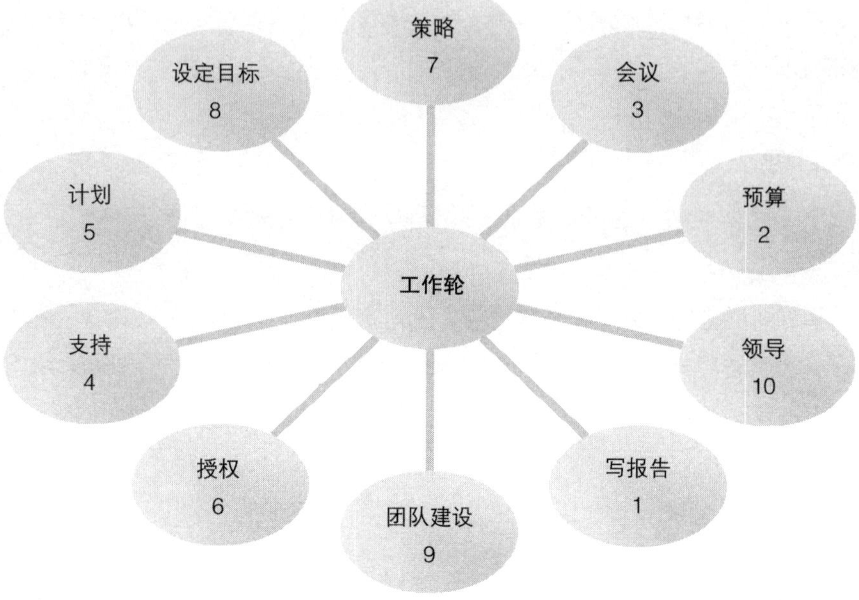

图 9–6　工作轮

生活轮可以帮助那些在工作与生活的平衡方面遇到问题的客户。客户可以就自己生活中所珍视的方面进行分类，比如伴侣、金钱、健康、娱乐、个人成长、精神生活、家庭、朋友和事业。

当这些轮上的事项被明确并按重要性进行优先排序后，客户就可以进行目标设定了，比如授权、时间管理、职业发展、平衡工作与生活、健身和社交。这些练习能够帮助客户更清楚地了解他们在工作和生活中看重什么。

教练或导师需要具备什么技能

教练或导师需要具备分辨客户生活与工作中重视的方面的能力、开放式提问与澄清问题的能力，以及讲解这些技巧并引导客户运用的能力。

它有哪些优点

这些“轮子”是一种让人们评估重要事项并关注不平衡点的可视化方法，可以在教练或辅导过程中，也可以在两次教练或辅导会面之间使用。

它有哪些缺点

客户所想的和现实之间是有差距的，但要意识到这种差距，客户需要得到教练或导师的进一步辅导。这一点或许算不上什么缺点，但肯定是需要考虑的。

力场分析法

它是什么

力场分析法是一种从心理学家库尔特·勒温（Kurt Lewin）的理论中发展出来的技术。他说，要想理解一种状况，就必须把所有与该状况相关的力量和影响因素考虑在内。如果一个人想要改变自己的行为，或改变某种处境，那他们就需要考虑哪些力量可能会推动事情朝着想要的方向发展，哪些力量会阻碍改变。

什么时候使用它

力场分析法在教练或辅导的不同阶段都是有用的。

- 审视哪些因素会阻碍问题解决，哪些因素会带来变化。力场分析法可以帮助客户识别盲点，找到新的视角和解决问题的发力点。
- 可以检验目标的现实意义和对其的投入程度。力场分析法可以帮助客户明确哪些因素能够促进目标实现，哪些因素会阻碍目标实现。
- 检验行动计划的可行性。

它是如何发挥作用的

下面的案例说明了力场分析法可以用来明确哪些因素会促进或阻碍目标的实现。在这个案例中，客户的目标是身体健康。

第一步，如图 9–7 所示，客户需要在他的目标下方画一条垂直竖线，然后画出一些水平箭头，表示所有的影响因素或只画出有助于目标实现的因素。

第二步，通过提示性问题引导客户思考：有关自己的可控因素；依赖他人（同事 / 朋友 / 家庭）的因素；组织内部及更大的环境下的因素，如事件、政策、规范。

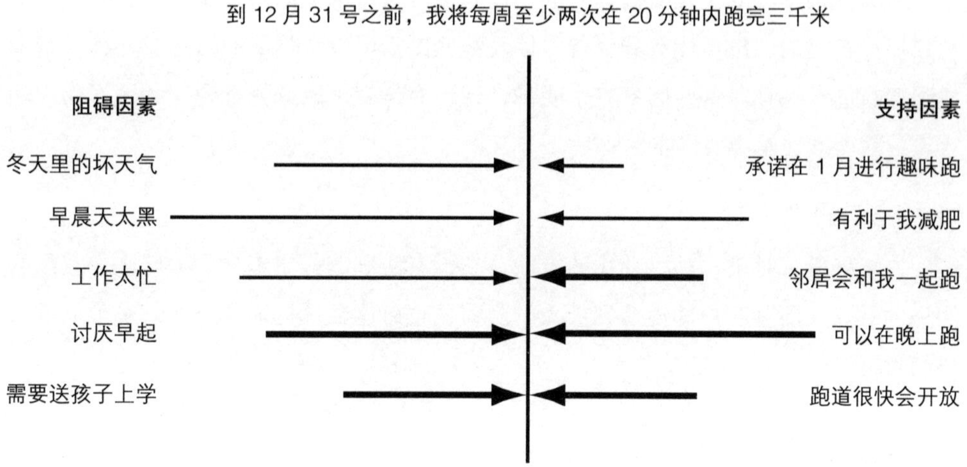

图 9–7　力场分析

第三步，可以用生动的形式画出这些因素，最好用绿色粗箭头表示大的影响因素，用较小的浅颜色的箭头表示较弱的因素。

第四步，客户最好用红色画出所有阻碍目标达成的因素。就像在第二步中一样，考虑自身的可控因素、依赖他人的因素和组织内部及更大的环境下的影响因素。

最后一步是考虑可以增强、减弱或改变哪些因素来增加成功的可能性。

这个方法也可用于识别促进或阻碍行动策略的因素：先在行动策略下面画垂直

竖线，然后画出促进或阻碍策略实施的因素。

教练或导师需要具备什么技能

教练或导师需要使用提示性问题来引导客户明确关键促进因素或关键阻碍因素：

- 你能减少或转化任何阻碍因素吗？
- 你能找到新的促进因素吗？
- 减少一些促进因素的同时，是不是阻碍也会减少呢？
- 你能找到更多的促进因素吗？

它有哪些好处

力场分析法可以使先前被忽略的一些积极因素或消极因素显示出来，可以帮助客户反思自己的动机、优势和劣势，以及哪些因素可以在当下的情形或环境下帮助或阻碍自己。一旦对这些因素有了明确认识，客户就可以选择可管理的因素作为切入点，从而增加成功的可能性。

它有哪些缺点

力场分析法只是一种可视化的方法，它没有明确的科学依据，除此之外它没有明显的缺点。而且客户即使遇到极大的阻碍，也可能会选择追寻对他们来说非常重要的目标。

CAN 模型：冲突、决断、谈判

它是什么

在工作中经常需要运用谈判技能来防止和解决冲突。CAN 模型是一个三阶段模型，可以用来理解冲突管理的过程，培养决断能力和谈判技能。

什么时候使用它

只要有需要就可以使用。该模型可以改善个人、小组或团队的绩效水平；可以帮助客户处理会议中的困境；也可用作行动方案的一部分。

教练和导师需要具备什么技能

教练或导师需要具备示范共情、决断和谈判技能的能力，还需要具备角色扮演的能力。除此以外，教练或导师还要能够激发客户的信心，让他们尝试在模拟的冲突情况下进行角色扮演。

当客户在工作中经历冲突时，教练和导师可以提供这个模型，引导客户通过模型的所有步骤，演练所需要的技能和行为。在这个过程中，教练或导师可能需要亲自扮演另一方角色，这将为客户提供宝贵的实践机会，使他们能够深入了解对方可能的体验。转换角色也是很有用的，由客户扮演另一方的角色，而教练或导师扮演客户。事后的复盘与反思也很重要，可以明确收获并设立新的练习目标，练习决断力以及就预期结果进行谈判的能力。

它是如何发挥作用的

表 9–1 说明了 CAN 模型的完整流程。

表 9–1　　CAN 模型流程——冲突→决断→谈判

冲突

当两方或多方有不同诉求的时候就会产生冲突

- 理解差异：观点、价值观、权利、过程、结果
- 仔细倾听，理解对方的出发点
- 表现出你对他们的观点和预期的理解

决断

决断的意思是你要清晰、积极、现实地表明你的诉求

- 自己设想一种情况，然后考虑对方会如何处理
- 认真做好发言准备：外表、姿态、面部表情
- 知道自己的诉求，并准备清晰而积极地表达出来

谈判

谈判涉及不同利益诉求的博弈

- 清楚地了解自己的所需所想，按优先顺序列出哪些方面可以向对方做出让步，而不会花费自己或组织太高的成本；以及哪些方面无论如何都不能让步
- 谈判。承认双方的所需所想，对事不对人，通过提问了解对方的言外之意。在向对方做出让步的时候要灵活，要创造性地提出不同的解决方案
- 致力于双赢。接受妥协也是一种成功，在很多谈判中，关系以及最终结果都很重要

注：只有当双方都准备为共同利益做出调整的时候，谈判才会有效

它有哪些优点

如果在教练或辅导过程中演练这个模型，那将是教练或导师观察客户在谈判中可能会如何表现的绝佳机会。然后教练或导师可以直接给出反馈，并设定练习决断力和谈判能力的目标。

它有哪些缺点

教练或辅导永远不可能完全复制真实生活，所以应当对客户进行跟踪辅导，检查其在真实生活中的谈判能力有何改进，以及从中吸取了哪些经验教训。

关键路径分析法

它是什么

关键路径分析法是在规划包含相互依赖的活动和时间安排的大型复杂项目时经常使用的一种技术。在教练和辅导过程中采用关键路径分析法的简化版，可以帮助客户明确达成目标过程中必要的行为事件顺序。

什么时候使用它

当客户考虑如何实施策略和实现目标的细节时，可以采用关键路径分析法制订行动计划。

它是如何发挥作用的

客户需要画出一条水平直线，标出他们的目标，在直线的最右端标注项目完成日期。然后从这个日期往前推，客户需要考虑在截止日期之前为了达成目标需要做什么。关键行为和关键日期从右往左标注在直线上，一直到当前的日期——起点。结果线代表的是从起点到实现目标的路径过程中的关键行为和里程碑事件。比如今天是9月1日，如图9–8所示，客户计划在10月23日完成任务，团队休整。

9月1日	9月10日	9月15日	10月8日	10月15日	10月23日
预定地点	和引导师见面	交流项目草案	部门内部讨论	交流最终方案	团队休息

图9–8 关键路径分析

教练或导师需要具备什么技能

在帮助客户聚焦这项任务时，教练或导师可能需要具备足够的耐心和毅力。有些人可能会觉得它很费力，或者过于详细，对于那些容易厌倦或不喜欢细节的人来说——无论是教练或导师还是客户——它可能是很有挑战性的。

它有哪些优点

有经验的教练或导师能充分发挥这项技术的作用，帮助客户成功。所有预期任务和时间安排之间的相互依存等问题都可以通过这项技术得以明确。因此，关键路径分析法能够使客户检验目标的可行性和截止期限，进而帮助他们明确目标能否达成。客户可能会发现他们的时间轴需要调整，或者目标需要细化，抑或过程当中的某个关键步骤需要进行更深入的思考。如果目标是可达成的，那该技术还能帮助客户设立一系列清晰的行动步骤。而对于长期目标来说，该技术可以帮助确立中期里程碑事件。

它有哪些缺点

客户可能会因为目标在时间框架内无法实现而感到沮丧，并且可能需要在重新定义目标和时间轴的过程中得到支持。重要的是，要引导他们不把这看作失败，而是当作一次明智的预先规划。

行动计划的制订并不意味着教练或辅导过程的结束，客户经常会返回来寻求进一步的教练或辅导，讲述他们在实施行动计划的过程中发生的事情。教练或导师一定要让客户感受到充分的支持，即便行动计划没有完全按照预期进行，也不能让客户感到自己是失败的。

总结

本章我们：

- 评估了 12 种教练或导师会用到的工具和技术；
- 使用了一系列问题来评价每种工具或技术；
- 阐述了教练或导师所需要的技能；
- 指明了每种工具或技术适用的场合；
- 概述了每种工具或技术的优缺点。

第四部分

教练技术和辅导技术实践

第 10 章　相关伦理问题

本章将探讨教练和辅导过程中的伦理问题及两难困境，并尝试回答教练和导师经常会问到的问题，包括以下内容：

- 可能会遇到哪些实践和专业问题？
- 可能会面临哪些两难的困境？
- 有哪些原则可以帮我解决这些问题？

本章通过案例分析，介绍了教练或导师在与客户合作时处理这些问题的方式。

为何与伦理相关

伦理可以被定义为一套道德价值标准或准则，与对错、善恶有关。教练或导师面临的伦理问题可能与律师或医生有些相似，但是作为组织管理发展项目的一部分，如果一名经理按照组织要求去辅导几位员工，或者对他们进行一对一的教练，似乎不涉及什么伦理问题。

尽管如此，我们的经验是，重视伦理准则能够保证教练或辅导过程的安全有效，如下面的例子所示。

露易丝是一家咨询公司的合伙人，公司里一位名叫拉乌尔的年轻主管来向她寻求辅导。他们一起共事已经有几个月的时间了，虽然拉乌尔工作比较出色，但却显得不是那么游刃有余，工作的压力和刚组建的小家庭的压力让他有些难以招架。在一次合伙人会议上，拉乌尔被提名为一个富有挑战性的新职位的候选人。没想到有人要求露易丝对此做出评论："你非常了解他，你有什么看法？"露易丝有些为难，不知该如何回答，下面是她的一些思考。

- 怎样对拉乌尔来说最好？就目前状况来看，更多的压力对他来说是好是坏？

- 关于保密，我答应了拉乌尔什么？我能提到任何他所感受到的压力吗？或许我可以做一个笼统的评论，而不提及具体细节。
- 或许我不该承担这个责任，应当由拉乌尔本人决定他是否想要这份工作。但是如果他接受了晋升却又无法应对该怎么办呢？

你认为露易丝应该怎样回答呢？

下面是一些露易丝可以参考的伦理准则：

- 行善原则：怎样做对客户最好？
- 不伤害原则：怎样做才能避免或减少伤害？
- 自主性原则：怎样做才能给每个人最大的机会实施自我选择？
- 忠诚原则：如何才能信守承诺？
- 公平原则：怎样做才最公平？

每个原则都有其自身的价值。然而，当一个原则似乎与另一个相冲突时，困难就来了。这可能会让教练或导师难以决定最佳的行动方案。

露易丝认真思考了以下两种潜在的冲突。

- 信守承诺（哪些是我们约定要保密的）与避免伤害（如果我什么也不说，他可能会迫于压力接受一份应付不来的工作）。
- 做对的事情（或许可以向合适的人谨慎地表达我的想法……）与遵循自主性原则（是否该由拉乌尔自己来决定）或公平原则（其他没有导师在场的候选人怎么办）。

露易丝是一位睿智的导师，她意识到自己过多地承担了他人的责任，她决定不替拉乌尔承担责任，也不武断地判定他会对这份工作有何反应。此外，对她来说，违反辅导过程中的保密协议也是不恰当的。她觉得让同事认识到导师的工作边界是很重要的，于是她说："我确实很了解拉乌尔，但是他更了解自己，所以你为什么不听听他对这次晋升的意见呢？"

这个例子说明了在有效的教练和辅导过程中发展起来的这种学习关系的特殊性，在教练或辅导过程中进行的对话与日常工作环境中的对话有很大的不同，它通常是关于情绪和个人问题的。然而教练或辅导既不是咨询也不是治疗，澄清边界和伦理准则能够帮助教练或导师和客户保持在正常的轨道上。它有助于建立学习关系，而这将是富有成效和强有力的，足以应对可能产生的任何困难，并有足够的前瞻性，以预测棘手的问题和提前制定应对方案。

在教练和辅导中有很多关于职业规范和伦理标准的讨论。许多组织也发布了自己的道德和行为准则。这些准则有关大众利益、对于从事教练或辅导的人来说非常有帮助。此外，购买教练和辅导服务的人也希望考虑未来教练技术和辅导技术提供者的伦理框架。

教练或导师的责任是什么

高效能的教练或导师有责任考虑自己的伦理要求；有责任与客户就合作方式达成一致；有责任创造一种可以讨论工作方式的氛围；有责任监控自己的实践标准，并和客户一起对工作进行反思；有责任找到可以求助的其他资源，在他们本人以及客户需要的时候寻求帮助。

对伦理准则有清晰的认识是很重要的，原因如下：首先，可以保证教练或导师的工作是安全的，不会对客户造成任何伤害，不管是有意识的还是无意识的。

> 马尔科是一位经验丰富的教练。他说："我有责任澄清并恪守承诺。比如，保密是非常重要的，如果我答应要保密，然后又泄露了客户所说的某些事情，那他们就会感到困惑、失望，甚至是背叛。如果我觉得有些事情我无法保密，那我会在一开始就让客户了解这一点，并让其为自己所说的话负责。澄清伦理准则也适用于其他领域。我并不总能进行电话教练，因此我会在教练关系开始的时候就阐明这一点，这样客户就不会在我不方便的时候给我打电话，也不会因为我没有及时回复而感到受伤或被拒绝。我会清楚地表明我能提供什么，而不是做出无法兑现的承诺。"

其次，当教练或导师澄清自己的工作准则和偏好的工作方式时，他们会向客户清楚地表达自己的观点，并鼓励客户也这样做。

马尔科："教练关系偶尔也会遇到障碍——这其实挺常见的，对我和客户来说都是学习机会。我以前常常会为此焦虑，但现在我会坦率地告诉客户，不论我们两个人中的谁遇到了困难，在告诉其他人之前，都要先告诉对方。我认为这是一种很有效的工作方式，双方都可以提出问题并从中学习。"

再次，明确认识伦理准则可以使教练和导师敏锐地觉察到双方之间的差异，以及这些差异会如何影响与客户的关系和客户对教练服务的满意程度。高效能的教练和导师会监控自身潜在的盲点。

马尔科："我曾经有一位客户，他的文化观点和我的非常不同，这对我们双方来说都是一个挑战，使我不得不认真思考一些曾经认为理所当然的东西。"

最后，明确认识伦理准则是教练或导师做决策、采取行动的基准点。

马尔科："我曾经遇到过一些比较棘手的情形，我不得不权衡不采取行动和行动过快或不当的风险。这时，我发现再次思考这些伦理准则帮助我找准了前进的方向，明晰了工作思路。"

尽管这些准则很重要，但教练或辅导过程如果是从谈论这些准则开始，有时可能会显得比较生硬而有失自然。教练或辅导关系通常是希望、预期、关切和问题的混合体，而不是一系列的道德或伦理准则。准则有时候是相当微妙的，最好不要直说，但是可以问一些问题，比如"我们将如何合作""对我们双方来说什么是重要的"以及"如果……会怎么样"。当需要澄清准则时，问此类问题通常是比较恰当的。

建立一个实用的、合乎伦理的工作协议

客户的问题

在教练或辅导的初期，教练或导师会很自然地询问客户想谈论什么。这么做主要有以下几个原因：

- 鼓励客户阐明自身的问题，并开始探索它们；

- 传达教练或导师对客户，以及对他们的日程安排的尊重——以客户为中心；
- 核实客户的问题是否恰当。
- 教练或辅导的背景是工作，如果客户主动谈起了自己在亲密关系中长期存在的困难，那尽管这些困难正在影响他的工作，教练或导师也应当警惕。教练或导师不是亲密关系咨询师，这类问题已经超出了他们与客户的关系范围。

工作关系

在对话初期，除了询问客户有什么问题以外，教练或导师还应当与客户讨论双方今后如何一起工作。讨论“如何工作”使教练或导师有机会澄清所有的伦理和专业问题，并对客户的关切和观点有更深入的理解，进而就工作方式与客户达成一致意见。谈论“工作内容”对大多数人来说是很自然的，但谈论“如何工作”在开始阶段则显得不那么自然，甚至有点奇怪或者令人不舒服。然而教练或辅导的作用之一就表现为能够让不可谈论的事情变得比较容易谈论，探讨“如何工作”有助于解决不确定的问题。

对话开始：教练、导师和客户的问题

如果潜在的问题得不到解决，那会使教练和辅导过程偏离方向或受阻。下面的例子说明了一位教练是如何解决一个未说出口的问题，从而确定工作协议的一个方面的。

> 在老板的鼓励下，布莱恩答应接受一名外部教练的帮助，但他对这个过程以及与教练一起工作是否会有任何实际的好处表示怀疑。在他们初次见面时，教练说：“我想你可能想知道教练是否适合你。我建议我们在三次会面之后进行评估，看看进展如何，然后再决定是否继续。你觉得怎么样？”听完教练的话，布莱恩又惊讶又欣慰，并表示同意。然后他们开始讨论教练技术有哪些好处，他们将如何评估进展情况，以及怎样才算取得了进展。

在这个例子中，教练采取了主动，或许是因为他从布莱恩的表现上觉察到了什么。在讨论“如何工作”时，教练把一个隐藏的问题摆在了桌面上，使之得以讨论，同时他还表现出了对教练过程的开放性和共同的责任感。

在下面这个例子中，最初的协议似乎不太明确，因此导致了困难的发生。

阿德奥拉是一名健康专家，她同意辅导新晋升的同事蒂姆。辅导初期他们约定每两星期见一次面，一次一小时。结果蒂姆总是匆匆忙忙地赶到，有时还会迟到，导致辅导经常推迟开始。阿德奥拉开始感觉有些恼怒和厌烦，觉得这让本来就很忙碌的自己又不得不付出更多的时间。她发现自己开始对蒂姆有些冷淡，有时还会故意看表。在一次回顾反思时，她对蒂姆表达了自己的想法。蒂姆说他并没有意识到自己的迟到带来了这样的连锁反应，他觉得辅导的效果很好。阿德奥拉解释说，她很乐意每两周留出一小时对他进行辅导，但不能超过预定的结束时间。双方同意以后不论蒂姆什么时候赶到，他们都会按时结束，这就确立了双方的自治原则。蒂姆有责任按时到达，如果不能，那辅导时间就会缩短；而阿德奥拉则需要保证辅导的时间段自己不做其他安排。达成一致后，双方都感到很欣慰。

明确的工作协议

正如这些例子所表明的，明确的工作协议好处良多，尤其是：

- 为过程性反思奠定了基础；
- 表达了教练或导师承担责任的意愿；
- 表明了一方对另一方的期待；
- 为讨论隐藏的问题创造了机会；
- 在教练和辅导关系中建立了开放和合作的先例和基本准则；
- 能够提前打消疑虑和避免不必要的误会。

虽然将工作协议以书面形式写下来是很有帮助的（一些职业教练和导师会将工作协议作为正式合同的一部分），但是书面文件仍然替代不了对话。一份严谨的工作协议通常会解决以下问题：

- 保密性；
- 边界和角色冲突；
- 地点、时间和时长；
- 工作方式；
- 过程性回顾；
- 预期和限制条件。

在第2章和第3章中，我们有更多关于工作协议的讨论。

工作协议：保密性

保密限制

客户和教练或导师都需要非常清楚保密的方式和内容。他们需要明白，依照法律以及自身的职业或公司的规定，自己应承担哪些义务，遵守哪些限制条件。专业机构的成员应当遵守相应的伦理规范和标准。此外，许多组织都有影响教练和辅导的政策和程序，针对其工作方式也有一定的指导方针和协议标准。

完全的保密既不明智也不现实，教练或导师应当慎重考虑他们所能提供和保证的保密限度，客户则应当考虑他们想要何种程度的保密，并就这一点同教练或导师进行探讨。双方都应该考虑当保密限度受到考验时该如何工作，以及在何种情况下，以什么方式对保密协议进行回顾审查。

玛丽在一家大型咨询公司的人力资源部门工作，为一些高级经理和合伙人提供教练服务，教练的结果不必向公司反馈。在教练过程中，她的一位客户有酒精依赖问题，令她的工作陷入困境。客户让玛丽对这件事情严格保密。玛丽觉得她的首要任务是对客户负责，但她同时又担心客户的同事和员工以及公司声誉。玛丽和客户一起澄清了公司关于酒精依赖的政策规定。他们试图通过当地人力资源管理部门的经理来寻求治疗的机会。在消除疑虑后，客户答应联系人力资源经理。

组织反馈

如果教练或辅导是由公司提供赞助的，或者是组织改革发展过程的一部分，那组织可能会要求得到反馈。那该以何种形式向谁提供什么信息，都需要在教练或辅导的初期达成协议，下面的例子说明了一位教练是如何对这种要求做出回应的。

西蒙被要求为一家大型金融机构的几名高管提供教练服务，来支持由首席执行官发起的一个领导力发展和文化变革项目。西蒙在一年的时间里分别与每位主管见了八次面。首席执行官对有可能影响到整个项目发展的所有主题都比较感兴趣，但她也明白应尊重每个人的保密需求。西蒙同意在年底向首席执行官做出反馈，对在教练过程中出现的任何主题做出说明，但不会违反个人保密要求。

公开还是保密

保密性的另一个方面涉及在组织内部，教练或辅导关系是公开的还是保密的。对于组织外部的教练或导师来说，保密性的问题比较容易处理，因为他们通常是在自己的场所与客户见面的。重要的是，教练或导师和客户应对谁该了解这种关系有相同的理解。这在不同的情况下是不同的。比如，在一所大学中，作为学习项目的一部分，每位攻读 MBA 的学生都会被分配一位教练或导师，这是人所共知的。相反，在医疗保健领域，一个辅导项目可能是面向所有人员的，任何人都可以向导师求助，但这种学习关系是保密的，除非当事人希望公之于众。

保密性也适用于一些更小的或更微妙的事情，如下例所示。

一位导师碰巧在工作场合遇到了一位几天前辅导过的客户，他想表现出自己对先前的那次会面的重视，所以就询问客户在他们所讨论的问题上进展如何。这让客户很尴尬，同时也让导师得到了一个教训：不能自以为在辅导会面以外的任何地方讨论辅导问题都是合适的。

做记录

保密性也适用于在教练或辅导过程当中所做的任何记录。做记录的目的应该明确，要记哪些内容？记下来给谁看？谁来做记录？谁来保管？如果是由教练或导师来保存记录，那记录应当被妥善保管，并且要和任何有关客户的个人信息或联系方式分开保存。在教练或辅导关系结束时，双方应就如何处置这些记录达成一致意见。

督导

在督导过程中，客户的身份通常不会被泄露，督导的焦点是教练或导师，而不是客户。当客户理解了这一点，他们就会相信自己参与的教练或辅导关注的是职业发展问题，并且在维护职业标准。

在这部分，我们探讨了工作协议以及表 10–1 中可能涉及的保密问题。表 10–1

中列出了一些关于保密性的问题，对教练或导师及客户都很有帮助。

表 10–1　　教练或导师的保密性检查清单

- 有哪些法律、职业或组织限制条件、义务或权利会影响保密性
- 哪些事情需要保密？哪些不需要
- 如果有些事情很难做到保密，我们该怎么办
- 这种学习关系是保密的吗
- 需要做记录吗？由谁来做？记录下来给谁看？保存在哪里？如何处理记录
- 需要向组织反馈吗？由谁来反馈？目的是什么
- 教练或导师会接受督导吗？如何保护客户的身份不被泄露

工作协议：边界和角色冲突

在教练或导师的角色与他们和客户之间的其他关系中可能存在潜在的或实际的冲突。即便已经明确了保密边界，教练或导师也不能对会话当中谈到的某些内容装聋作哑。比如：

- 导师被要求为客户提供推荐信；
- 客户参加了求职面试，发现他的教练是评审委员会的成员；
- 导师和客户参加了同一个工作会议，而他们之前的会面焦点是客户与同一会议上的同事之间的困难；
- 教练和客户在一个社交场合不期而遇。

> 在上述情形中，假如你是那位教练或导师，你会怎么做？如果你是客户，你的期待是什么？

尽管不能预料到每种意外，但是预先考虑可能的冲突或边界问题以及处理方法是很有必要的。下面有两个案例，第一个是做了预先考虑的，第二个则没有。

> 杰米是爱丽丝的导师，但不是她的部门经理。对于爱丽丝的工作，杰米有一些间接的管理责任，有可能需要对她的年度绩效做出评价。经过与爱丽丝老板的协商，他们达成了一致意见：杰米将把他的评价限制在爱丽丝的工作表现和取得的成果上。

克里斯是迈克的教练。在他们的教练会话中，迈克谈及了许多关于他的家庭、职业和个人发展的问题。克里斯和迈克住在同一座城市，有一次他们在一家咖啡馆不期而遇，彼此都和家人在一起，他们两个都觉得很不自在。克里斯在做了一些礼貌性的寒暄后就尽早离开了。他后来反思的结果是，他没有预料到会发生这样的事情，也没有和迈克谈过这样的情况。他决定将来和每一位新客户都谈谈这个问题："如果我们在社交场合遇到了该怎么办？"

工作协议：时间与地点

时间

约定会面的地点、频率和次数是很重要的，可以签订一份正式的合同："我们会每六周见一次面，一次两个小时，先进行五次会面，在第五次会面的时候，我们会回顾所做的工作，然后决定是否需要安排更多的辅导。"也可以以一种不太正式的方式："你什么时候想来都可以。"尽管经验表明，这对双方来说都不是一种满意的安排方式。下面就是一个失败的、非常不正式的会面安排的例子。

希娜为自己学校的两名新老师做教练。她建议说："你们可以随时来找我聊天。"结果一位老师经常到办公室找她，但每次时间很少超过 10 分钟。这位老师觉得这种会面很有价值，他把希娜当作共鸣板来帮助自己思考并做出决策。希娜很高兴能帮到他，但却注意到这位老师来访的次数越来越频繁，她有些担心他是否太依赖自己了。而另一位老师却从未来过。但事实上，他正在新工作的困难中苦苦挣扎，非常焦虑，不知所措。这位老师发现希娜从来没有打过电话询问他工作进展情况，于是就认为她太忙，没有时间。与此同时，希娜也感到困惑，觉得自己对两位客户都是充满鼓励和热情的，但其中一位到现在都没有联系自己。希娜不想让客户迫于压力来见自己，所以也不愿意主动联系他。

本章前面描述了一些伦理准则：行善原则、不伤害原则、公平原则、忠诚原则和自主性原则。再次思考这些准则，很显然，在某些情形下导师会处于两难的境地。

如果你是希娜，你觉得自己正面临什么样的两难境地？

你可能已经注意到了：

• 希娜是否应该让客户本人决定多长时间来见自己一次？这对双方是否公平？她应该主动联系那位没来见自己的老师吗？
• 她是否应该和那位经常来见自己的老师谈一谈，说明自己担心他变得过于依赖？怎样做才不会让这位老师感到太大的挑战？
• “可以随时来找我聊天”，对于这句话每个人的理解是否一致？
• 关于保密性有没有达成一致意见？

假如你是希娜的那两位同事，你希望希娜做什么？不做什么？最后，假如你是希娜本人，你会怎么做？可以采取哪些行动？你更倾向于哪种行动？

地点

会面地点的选择也很重要，在客户自己的办公室里会面有可能不方便：可能会被别人或工作打断。有些内部教练和导师会使用自己的办公室，但是这样可能会显得教练或导师与客户之间有级别 / 权力差异，而且日常工作也可能会打断他们的谈话。在客户家里见面也会面临困扰：教练或导师看起来像客人。一个不错的选择是，双方都走一段路，选择一个离两人都不太远的地方，比如一家宾馆的大厅就不错。许多外部教练和导师都有自己的工作场所，既可以保证私密性，又比较安静。对于内部教练和导师来说，一间安静的会议室也是一个不错的选择。

除了就会面的地点和时间做出约定之外，明确在两次会面之间是否通过打电话或发邮件联系也是很有必要的。在线教练和辅导正变得越来越流行，并可能成为这种学习关系的一部分。一旦约定好时间和地点，除非遇到极端情况，否则双方都应信守承诺，不要取消会面和电话。然而，双方应提前约定发生这种特殊情况时的处理方式。表 10–2 列出了一些对双方都适用的问题。

表 10–2　　时间和地点检查表

- 我们将在何处见面
- 会面持续多长时间
- 我们一共要见几次面
- 如果我们当中有一方不能参加会面，该怎么办
- 如果客户没来或迟到，该怎么办
- 两次会面之间是否要进行联系
- 如果不联系，那么在两次会面之间出现紧急情况，该怎么办

工作协议：工作方式与过程性回顾

情境设置

客户想知道，教练和导师也需要清楚说明的一个问题是：教练或辅导将包括什么。有经验的教练或导师会简单明了地介绍他们的工作方式、他们的期待、他们将提供什么样的教练和辅导，以及会使用什么模型和框架。下面是一位导师在和客户初次会面时做的开场介绍节选：

> 我来介绍一下我通常的工作方式，然后我们一起决定哪种方式适合我们。在会面中，我们将有机会探索你提出的职业生涯问题，并就这些问题明确目标，制订计划。我不会直接给出建议，但我会尽力帮你反思问题或机会，明确你的目标以及达成目标的方式。如果我们每次见面你都能有自己的想法，并愿意就这些想法进行讨论的话，辅导是最有效的。我们将在每次会面开始时就如何利用时间达成一致意见。在会面结束的时候，我会询问你的行动计划，因为在两次会面之间采取行动是很重要的。如果你能把这些计划记录下来，并在下一次会面时带来，会对辅导过程很有帮助。此外，回顾我们一起工作的方式，以及下次要做哪些改进等都是很有必要的。就我刚才所说的这些，你有什么想法吗？

专业背景

教练或导师应当明确说明自己的工作经验、作为教练或导师接受过哪些培训、自己的背景、有哪些相关资质等，并就这些方面回答客户提出的问题。

布兰妮是一名医生，也是该地区同事辅导项目的导师。她向潜在的被辅导者简要介绍了自己的专业背景和作为导师的受训经历：她参加过一个为期四天的非认证培训项目；有一年的导师从业经历；她辅导过的客户并不多，但是她很喜欢这项工作。这个项目每年对她进行三次督导。

工作方式

作为安全高效教练和辅导的重要保证，教练和导师应该和客户进行定期的反思回顾。对于这种共同反思的力量，我们怎么强调都不为过。表10–3列出了一些问题，能促进建设性的、开放的反思回顾，以便双方共同承担责任。在解决问题的过程中可以提出任何困难，而不是一味指责。请注意一些问题是如何引导客户反思自己的行为的，再次强调一下，这是一个共同参与的过程，双方都要反思自己的行为方式。

表 10–3 **用于反思的常见问题**

- 关于这次会面，哪些方面起到了促进作用（比如：时间的使用，会面的结构、焦点、节奏，以及场地）
- 在这次会面中，有哪些方面是无用或起阻碍作用的
- 在我所做的事情中，哪些特别有用？哪些起到了阻碍作用
- 在你所做的事情中，哪些特别有用？哪些起到了阻碍作用
- 你希望我下次做哪些改变
- 下次你自己会做哪些改变
- 我们还需要讨论其他什么问题吗

在下面这个案例中，教练和客户在进行了三次会面之后，反思了他们一起工作的方式。

教练：看起来前几次会面帮你更加聚焦了问题，我注意到你总是乐于挑战自己，并愿意重新思考，这似乎有助于你明确对自己来说真正重要的事情。有几次我打断了你，因为我不确定你那样做是否真的有帮助。我希望你能就这件事情做出一些反馈。

客户：这段时间我们的关注点一直都在我身上，这使我开始真正地思考自己的职业生涯方向，对我来说是很有帮助的。你没有评判我或给出建议，而是帮助我质疑我自己和我的一些想法。在每次会面结束时，虽然我并不总是想要记录下这些事情，但我明白保持专注是非常有效果的。或许我也应该在会面开

始前做些准备。你有时会给我空间，有时会打断我，对于你的这种工作方式我很喜欢。起初我有些害怕，但后来我意识到这其实是一种挑战——迫使我思考。你的打断也很有必要，可以避免我跑题。以后如果你又认为我开始扯些与主题无关的话，请尽管打断我。

这些评论说明了，教练或导师可以与客户在反思过程中分享观点与看法，并进行交流。请注意，在这个案例中，教练认为自己可能过于频繁地打断了客户，但是客户却需要教练更多地打断自己。

推荐参考资源

有经验的教练或导师会和客户一起思考他们的工作的范围和本质，以及在某些时候需要借助其他资源的可能性。作为一名教练或导师，必须了解其他转介资源，比如职业健康、咨询、专门的职业咨询、培训和发展项目。根据我们的经验，承认自己在某些领域不是专家，不仅不会降低反而会提高你的可信度。

克莱尔正在辅导一位名叫休的年轻有为的药剂师。休对企业发展很有见解，而且最近刚刚被任命领导一个大型项目。他来寻求辅导，目的是就这个项目的商业发展战略进行彻底的思考。克莱尔坦诚地说明战略发展不是自己的强项，但是她可以帮休列出潜在的优质资源清单。克莱尔列出了一个清单，上面有几个企业内部人员的名字，休选择了其中在战略发展方面特别有经验的两位，并同意在下次会面之前联系他们。这份清单还列出了其他可能对休有帮助的资源，包括在线教育材料。

处理结束

谁来决定结束

结束教练和辅导关系的原因有很多：有时是根据计划来结束一个已经取得成功的教练或辅导关系；有时则可能是临时决定的，比如，出现了家庭危机或突然的工作调动等突发事件，导致教练或辅导必须终止；有时是这种关系进展不顺而客户需要继续向前推进；有时是工作角色的变化导致了利益冲突；有时是已经安排好把客户转介给另一位教练。显然，不同情况会以不同的方式影响教练或辅导关系的结束。

大部分的结束对双方来说都是得失参半的，有经验的教练或导师会让客户参与对结束的处理。当结束是由教练或导师提出的时候，这样做就显得尤为重要，让客户参与进来能减少他被拒绝的感觉。相反，如果是客户一方决定结束的，那教练或导师可能会产生挫败感。然而，如果处理得当，结束教练和辅导正是认可这种学习关系，认可工作成果和达成的目标的好时机，正如下面这个例子。

> 理查德决定不再做教练了，他已经尽可能多地通知了客户。一位客户对此感到特别惊讶和伤心。于是理查德和他一起讨论，承认了这些感觉，并计划了他们需要一起做什么，以拥有一个“足够好”的结尾。理查德告诉客户，结束教练工作自己也会有所损失，但是他对一起完成的工作以及客户取得的成绩感到很满意。他帮助客户明确了支持他们发展的资源，包括还有哪些人可以做他们的教练。

> 想想你曾经参与过的教练或辅导关系的结束。是计划内的还是计划外的？你当时有什么想法和感受？是什么帮你处理结束的？有没有什么因素给你造成了困扰？

一开始就为结束做好准备

理想状况是，有关结束的计划在教练或辅导关系建立的初期就达成一致，并包含在工作协议中。这样一来，在关系的发展过程就能不断进行过程性反思回顾，从而为顺利结束铺平道路。

过程性反思回顾能够确保当计划发生变化的时候，双方能达成一致意见，而不致“猝不及防”。如果教练或导师鼓励客户做前瞻性思考，那客户就会对未来有自己的想法并且愿意和教练或导师讨论这些想法。此外，教练或导师还应帮助客户明确计划，并探讨他们在实施计划的过程当中需要哪些帮助。

最后一次会面

最后一次会面是确认已经取得的成果和庆祝工作关系成功的机会。要尽可能留出时间进行回顾，内容包括客户接下来该怎么办，以便为他们提供足够的支持。此外，回顾还会涉及一些问题的澄清，比如：“如果我们在大街上、办公室里或社交场合遇见了，该怎么办？”

管理实践

进行工作反思并接受督导

安全高效的教练和导师会花时间反思他们的实践过程，方式多种多样，包括接受督导。在第 4 章和第 5 章中，就反思性实践和督导，我们已经谈了不少内容，教练和导师应当至少找到一个能够为他们提供支持或督导的人。

自我管理

自我管理涉及监控你自己的幸福感，确保你有足够的情绪、健康和个人资源来有效地工作。当教练和导师感到压力、疲惫，或身陷个人或工作危机的时候，他们可能无法以最佳状态投入工作。在完成了一定量的教练或辅导工作后，人们会发现自己可能需要停下来休息一下，重新“充个电”。有时暂停工作休息一下就足够了，有时则需要额外的支持或督导。表 10–4 提供了一个幸福感自评表，你可以通过这些问题来评估自己作为一名教练或导师的幸福感。

表 10–4　　幸福感自评表

- 在会面过程中，我是否由于太疲劳而无法集中注意力
- 我是否希望客户取消这次会面
- 我个人的焦虑是否干扰了会面
- 我是否觉得自己在会面过程中难以集中全部精力
- 我是否在会面前或会面后持续感到焦虑
- 我是否因非紧急原因取消过会面
- 我是否在逃避督导或支持

做出伦理决策

理想状况下，教练或导师有时间和空间来考虑制定最佳的伦理决策，而没有过多的压力。他们有时间让客户参与进来，也有时间向督导人员咨询，寻求资源支持。客户也有时间反思自己的所需所想，以及他们对教练或导师的期望。

邦德在 2003 年描述了一个用于做出伦理决策的框架模型。在对该框架进行调整后，教练或导师可能会问以下问题。

- 伦理准则会如何影响决策？怎样才能尽可能做到对客户最好、避免伤害、公平、信守承诺和自主？
- 法律会如何影响这种情况？我必须要做什么？我有权做什么？我被禁止做什么？我的专业团体或组织有没有相关规定来界定或限制我的行为？
- 在这一点上，我有哪些资源可能会限制我或帮助我？我有多少时间和精力？我的体力和脑力如何？我是在自己的能力范围之内工作，还是已经到达了能力的极限？从督导师及其他资源那里，我得到了多少支持？我是否忽略或高估了某些潜在的资源？
- 对当下的情况我个人的观点是什么？我想做什么？我的直觉是什么？

图 10–1 显示了所有可能有助于做出合理的伦理决策的因素，以及它们之间的关联。

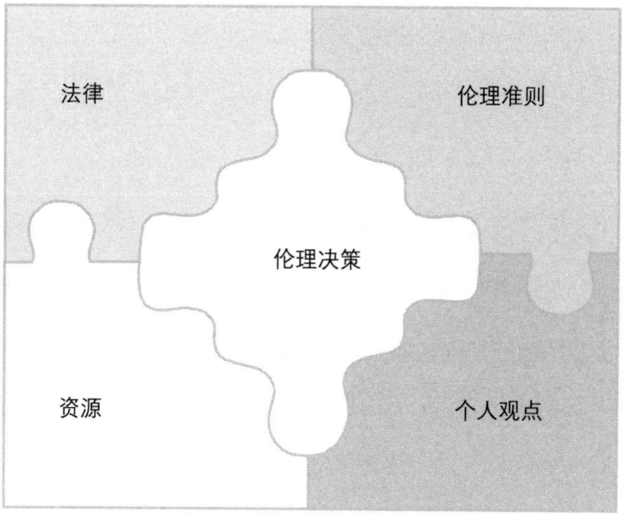

图 10–1　教练和辅导过程中的伦理决策

有时候教练或导师需要快速做出决策，下面的指导方针可能会帮助他们在压力下做决定。

- 不要慌张。如果你获悉了一些困难或麻烦，那这些困难或麻烦已经存在了，并不是由于有人告诉你才发生的。而如果你得知某件事可能发生，那它实际上还没有发生。

- 继续倾听。当你焦虑担忧的时候，你往往会停止倾听客户，而只能听到自己内心的声音："哦，天哪！我该怎么办？如果发生……，那该怎么办？"试着继续倾听。
- 延迟反应。大多数情况下你不必立即回应，思考一下你听到了什么？
- 倾听不一定是同意，它是指接收另一个人所说的事情并努力地去理解。
- 把注意力放在客户身上，给他们空间得出自己的答案。
- 你可以分享一些有价值的观点，但不能强加给客户。
- 有时，不行动胜于错误的行动。如果你决定采取行动，那你最好审查一下你的决策，哪怕只用几分钟。如果不确定就最好进行反思而不是盲目行事。
- 如果有必要，要留出"暂停时间"。休息一下可以让你和客户都有时间整理思绪，考虑资源。
- 寻求帮助，如果可能的话，向你的督导师或支持人员咨询。

这些行动中的哪些对你来说比较容易？哪些则较难？在你自己的从业经历中是否使用过这些方法？结果如何？

威尔和他的教练一起工作已经有几个月了，并在教练的帮助下晋升到了一个高级管理岗位，一切似乎都很顺利。但在一次例行的会面开始的时候，威尔突然说，家庭问题一直令他很沮丧，今天早上他甚至想要离婚。听到这些，教练有些惊讶。威尔的情绪很糟糕，他说似乎一切都没有希望了。教练有些担心，另外，他也知道那天威尔要长途驾车去参加一个重要会议。

假如你是教练，你会有什么感觉？你会怎么想？这里涉及了哪些道德准则和伦理考虑？你会采取什么行动？

假如你是威尔，你会怎么想？会有什么感受？你想从教练那里得到什么？你不想让教练做什么？怎样才能帮到你？

教练允许威尔谈一下自己的感受以及来自家庭的烦恼。随着谈话继续，威尔释放了心中的不良情绪，逐渐平静了下来。教练有些疑惑，他想知道威尔到底是一时的心烦意乱，还是另有原因，所以就问他是否需要他人的帮助，比如医生。教练并没有就威尔的家庭问题进行更深入的讨论，而是帮助他找到了一些解决问题的策略。

此外，教练还同威尔确认了他是否能够参加当天晚些时候的那个会议，以及能否安全驾驶。他们也谈到了如果有必要的话，在下次会面前威尔如何与教练取得联系。

伦理和多样性

高效的教练或导师会对差异及多样性问题很敏感。这些问题很重要，不仅会影响个人的教练或辅导关系，而且会影响教练或辅导服务的公平提供，以及教练和辅导关系在促进机会均等方面的使用。

如果教练或导师行事公正，那他们会希望所有的客户都能够受益于教练技术和辅导技术。他们会考虑所使用的方法是否同样适用于所有客户，无论他们的背景、能力、种族或文化期望如何。这种意识会促进教练技术和辅导技术的拓展与多样性，比如通过互联网为更多的客户提供服务。

克拉特巴克和麦金森在2005年发现教练技术和辅导技术为培养多样化人才提供了良好机会："不同种族、性别的人之间，或者健全人和残疾人之间这种二元对话关系的发展不仅有助于发现歧视现象的深层原因，而且还能提供一个安全的环境，使人们可以就如何应对发展过程中的文化壁垒进行讨论并形成策略。"

有关跨文化差异的文献很多。霍夫斯泰德、特姆彭纳斯和汉普登－特纳（Hampden-Turner）的研究尤其具有影响力，他们发现了人们观念中的文化差异，比如什么是适当的权力和等级差距，什么是性别平等，以及个人（而不是集体）成就的重要性。他们还发现不同文化对模糊的容忍度不同。此外，文化差异还可能会影响客户对教练或导师的期望。

在一项为目前居住和工作在英国的海外卫生专业人员提供支持的辅导计划中，辅导关系正陷入胶着，导师视与客户的关系为平等的伙伴关系，是专注于客户需求的协作努力，以帮助客户为自己的发展负责。他发现客户相当被动和顺从，总是愿意"跟随"他，向他寻求建议。当他说明提供建议不是自己的职责所在的时候，客户相当不解。他认为客户"非常拘谨"。但客户却有不同的看法，她说自己本以为导师是一位令人尊重的人物，会掌控并指导她的职业选择。她不能理解导师作为一位更年长、更有智慧的行业中的资深人物，为什么不肯提供更多的指导。而且，当导师问她有什么目标和志向时，她也感到很困惑。

当然，上面所提到的问题可能与文化差异毫无关系。从“文化视角”看问题，要防范文化成见。因此，高效的教练和导师会结合个人和文化的视角，基于对自己及他人的了解来工作，并不断增强对自己实践的意识。

海为教练和导师提供了一些提示，让他们意识到自己的“幻想和恐惧”与一系列差异因素有关，这些差异因素包括性取向、年龄、文化背景、原属种族、种族、肤色、宗教背景、生理缺陷、学习障碍、社会阶层、口音、教育经历、工作经历等。在下面的案例中，一些因素的差异影响了辅导关系。如果你是这些导师的督导者，你会怎么做?

凯斯是一位在职时间很长的高级经理，并在一个为期一年的领导力发展项目中辅导初级员工。他在辅导皮特的过程中遇到了困难，皮特说：“我在这里只是短期工作，我不欠组织任何东西。”凯斯有些沮丧，他认为组织为皮特的发展投入了很多，他把皮特描述为“典型的 Y 世代”。

凯莉是一名资深大学老师，她为自己学校的大四学生提供辅导。作为一位单身母亲，凯莉通过奋斗，克服了很多困难，才达到目前的高级职位，她正在辅导珍妮特。珍妮特说自己来这里主要是因为社交问题，她对自己的职业生涯几乎没有任何思考，打算男朋友去哪里工作，自己就去哪里。凯莉对珍妮特如此缺乏抱负感到恼怒。

结语

有一个爱发愁的人，在厨房的记事板上钉了一幅漫画，描绘的是一个焦虑的人，假想着当天可能会发生的灾难，然后决定蜷缩着躲在床上。画上的文字显示了他脑海中焦虑的想法：“但是……，尽管如此……，总会有……死在床上！”关于伦理的话题看起来有点像“床上的死亡”。一系列有关伦理、道德和专业的考虑，以及潜在的道德和法律困境，都会让我们得出这样的结论：我们最好还是待在床上，不要冒险。我们经常会见到这种反应，尤其是在受训的教练和导师中，他们满脑子都是：“如果……该怎么办？”

事实上，我们面临的许多伦理决策并不可怕：对于训练有素、善于思考的教练或导师来说，这些都是常见的问题，是可控的。只有在极少数特殊情况下，我们会遇到非常棘手和复杂的抉择。然而，伦理实践贯穿教练和辅导技术的所有方面，我们提前对边界问题考虑得越充分，就越能帮助客户思考并管理他们自己的边界。当我们以这种方式工作时，我们更有可能防止伦理困境的发生；或者即使发生，也能妥善处理。

总结

在这一章，我们：

- 列出了一些思考自己伦理观点的方法，可以帮助教练或导师有效工作；
- 阐述了明确工作协议的重要性；
- 提供了有助于达成工作协议的检查清单，并讨论了过程性回顾与结束处理；
- 为做出伦理决策提供了一个框架模型，并给出了在压力下做决策的建议；
- 强调了一些多样性问题。

第 11 章　有关教练和辅导的常见问题

在本章中，我们会列出 10 个关于教练和辅导的常见问题，每个问题都涉及一个或多个章节。

如果有人被派来接受教练或辅导，你该怎么办

有些人被派来接受教练或辅导，通常是想要解决绩效表现或性格问题，这并不罕见。被派来的人可能：不情愿；把辅导看作惩罚；不切实际，幻想所有问题都会被你神奇地解决掉；视自己为受害者，把自己的困难归咎于所有人所有事；或许以上情况都有。有时，一个看不到任何希望的开始却可以变成富有成效的帮助关系，前提是“如果人们愿意改变，他们就能改变”。不要无原则地去取悦客户，因为这有可能使你和客户“同流合污”；但也要避免走向另一个极端，认为“我不能帮你，除非你想被帮助。”这可能是一种定势思维。要努力建立一种“工作联盟”，这样你的客户就会把自己看作“合资企业”的合伙人，是能得到回报的，而不是“被派来的”。

基本的积极倾听技巧以及尊重、共情和真诚沟通的价值怎么强调都不过分：有些被派过来的客户从来都没有机会诉说自己的故事，没有机会在不受打扰，不被评判、建议的情况下倾听自己内心的声音。你可以充分表达共情，但不是同情。你可以站在客户的立场上，引导他们明确哪些是他们自身的问题，哪些是外界的问题。如果客户真的能发现自己的问题并希望解决，同时还找到了解决问题的切入点，那也许就会取得进展。此外，在会面开始就明确可以和派客户来的组织分享哪些信息，能够有效推动教练和辅导的进展。最后，认清现实也很重要，这些方法并不是万能的，你很难帮助一个不愿意被帮助的人。

如果我无法对客户告知我的一些事情保密，该怎么办

我们想要也需要向客户保证教练或辅导过程的保密性。然而，没人能够保证绝对保密。我们都在组织或行业标准下工作，所以从一开始就明确边界和保密限制是很重要的。明确保密性是和客户协商工作协议的必要部分，你可以先说明哪些内容你可以保密，哪些你不能保密，看看客户做何反应，然后再确定会面的时间和地点。如果你已经告知了客户边界和保密限制，但他还是说了一些你无法保密的事情，那你可以问他为什么要告诉你这些，他现在希望发生什么，以及他想从你这里得到什么。如果需要采取行动，那你最好征得客户的同意。只有在极少数情况下，比如你认为伤害的风险超过了对客户自主权的尊重，你才能先采取单方面行动，然后再告知客户。

如果遇到了无法保密的事情，最好向督导人员寻求支持，有时候仓促行动还不如不行动。

如果教练或辅导似乎不起作用，该怎么办

有时候，我们会质疑自己是否在帮助客户。他们真的想要改变吗？我们是帮助他们的正确人选吗？他们需要另一种形式的帮助吗？我们可能会觉得自己比客户更加努力，这通常是事情不太对劲的一个信号。有时候是客户觉得一切都不太好。这或许是因为他们觉得我们提供的挑战太多或太少，或太刻板，或不够聚焦主题，抑或只是和他们不合拍。定期反思进展情况是一种强有力的学习方式，当反思成为一种习惯的时候，谈论任何问题都会变得简单起来。

如果你觉得关系进展不顺，可以客观地同客户谈一下你的想法。有时候这样做可以极大地帮助客户。督导师可以帮你审视自己在困难情境中的角色，演练你和客户之间的对话。此外，当你和客户分享你的关切，尤其是当你认为客户需要得到外部资源支持的时候，注意不能替客户做决策，而是与之共同商讨达成。

如果客户觉得关系进展不顺，记住许多客户会认为"批评"是难以启齿的，因此定期反思回顾可以鼓励他们做出反馈。你可以通过提问使不能讨论的事情变得可

以讨论，好的问题包括："我做的哪些事情帮到了你，哪些事情阻碍了你？如果你能改变我们的合作方式，那你会改变什么？"此外，工作协议应当包括免责条款，明确规定客户可以在任何时候终止关系或要求更换教练或导师。

我能提供建议吗

当我们培训别人成为教练或导师的时候，我们会让他们根据自身获得帮助的经验谈谈，哪些技能和品质是高效教练或导师应当具备的。我们已经培训了数百人，但从来没有任何学习团队认为"提供建议"是高效教练或导师的一项重要技能。然而，矛盾的是，同样一群人，当他们开始实践教练或辅导技术的时候，经常谈话刚开始没几分钟就给客户提建议。尽管他们知道提建议没什么用，但就是积习难改，尤其是当我们中的许多人是该领域的专家时，会觉得难以抵制提建议的冲动。教师、医生、牙医、护士、律师、人力资源专业人士——每种职业都被期待给出忠告和建议。而且客户经常主动寻求建议，或许有时候他们确实需要建议。但我们的原则是提供建议要谨慎。提供建议很少能起作用，因为你不是客户，你不知道最适合他们的是什么。而且提供建议会导致他们形成依赖性，随着时间的推移，可能会削弱客户的智慧和自主性。而且众所周知，人们通常不接受建议，所以你很可能是在浪费你和客户的时间。然而，如果你的日常工作就是给人们提供建议，那你可能在做教练或导师时很难不这样做。所以，如果你发现自己想要提供建议，那不妨问问自己：

- 我真的关心客户和他的行动计划吗？如果是，我能以一种明确且客观的方式与他们分享我的关心吗？或者我能为他们创造检查盲点的机会吗？
- 客户能否从我了解但他们不了解的事实和信息（与建议和观点不同）中获益？分享那些信息或告诉客户从哪里可以找到它们会有什么负面影响吗？
- 客户需要建议或引导吗？或者除了教练或辅导外，他们还需要别的什么吗？比如，他们能否从培训、督导、员工入职培训或一些专家指导中获益？
- 有必要与客户分享我与他们目前情况类似的经历吗？我也许会说："我是这么做的，对我还是挺有用的，但是可能对你不适用。"要小心不要过多地分享你的经验，因为这样做很容易变成变相的提建议。

如果有人要求我通过电子邮件、电话或视频进行教练或辅导，我该怎么办

人们对通过电话、视频或电子邮件参与教练或辅导越来越感兴趣。当工作中出现紧急情况需要临时调整会面时间，或距离、天气等因素阻碍了面对面的交谈时，上述手段经常作为会面的补充。有教练反映，当客户突然需要参加一个重要的面试或工作评估，或者需要立即做工作汇报时，通过电话进行教练还是不错的。通过视频的好处是可以保留一部分非言语交流信息，相比之下打电话只能听到声音，而电子邮件只有文字。然而，不论采用哪种形式，只要教练或导师能够给予客户同样的关注，教练或辅导就能顺利进行。如果教练和客户已经有了一段时间的合作关系，那上述方式的效果会更好。在开始远程教练或辅导之前，你需要想清楚你和客户关于保密性的顾虑。其中包括谈话内容会被记录——比如你们对电子邮件的回复。如果这些资料被你们不认识的人或公司获取，你们是否介意。另一个值得考虑的重要问题是：如果你没有准备好面对面交流的保障措施，那你将如何处理由此带来的沮丧感。

该如何平衡客户和赞助单位的需求

你的客户是你正在教练或辅导的人，但其他利益相关方也可能会被牵扯进来，而且对教练或辅导的结果有所期待，但他们不是你的客户。你需要从一开始就搞清楚谁是利益相关方，他们的期待是什么，以及这些期待是否一致。我们已经提到了明确工作协议的重要性，只要可能存在利益冲突的地方，最好从一开始就将职责范围以书面形式清晰地写在协议中。比如一名经理可能为一位低绩效职员安排了一个外部教练，费用从部门预算中支出，他希望得到一个满意的结果，因此他要求教练在每次开具发票的时候都要提供过程性报告，客户应当从一开始就知晓这一情况。在教练过程开始之前，可以安排一次与各方的会议，商定由谁来写报告，以及报告应包含什么内容，不包含什么内容。在组织内部的某些教练和辅导项目中，教练或导师和客户都需要完成一份“阶段评估表”，以促进此项服务的进一步发展。客户需

要确信他们在教练过程中的表现不会被评价，而且教练的内容是保密的。为了始终与客户保持透明，尊重他们的自主权，最好从一开始就让他们参与到任何与你们的工作相关的协议中。在某些情况下，你可能觉得不能答应组织或雇主的要求，向他们提供信息，因为你认为这将会伤害你和客户的关系。此外，如果分配给你的某项任务可能需要你做出妥协，那你最好就不要接受它，以免你承受的期望与教练工作相冲突。

如果客户提出的要求超出了我能提供的范围，该怎么办

出现这种情况可能是因为你对自己能够提供什么、不能提供什么不太清楚。应当从一开始就明确工作边界和限制条件，以便在以后如果遇到困难情况，可以用来参考进行反思和商榷。然而有些客户可能会比其他客户的需求更多，还有些客户会觉得在描述的边界内工作有些困难，甚至有些客户很冲动或喜欢把事情拖到最后一刻，却希望其他所有人都能适应。所有这些情况都可能反映了客户生活当中的一种常见的限制性模式。例如，一位客户试图在最后关头取消预定的会面，对此你可以进行不同层面的反应。你可以说："你想取消我们明天的会面，是吗？好的，没问题，但是我已经把那段时间预留给了你，再找别人来填补已经来不及了，所以我仍然会向你收费，关于这一点，我们在工作协议中已经有所约定。"这种回应方式比较直接，商务化且边界清晰。然后，当客户来参加下一次会面的时候，你可以说："我意识到这不是你第一次在最后关头要求取消会面了。"当客户有拖延症或过度承诺的时候，你可以尝试上面这种回应方式。

有些客户希望在约定的会面时间以外联系你，或者想要求额外的会面，或者他们总是会面超时，这些问题都可以通过工作协议明确解决办法。还有一种情况是，客户希望由你来做所有的工作，找到所有的答案。精心的反思性实践和定期的督导能给你提供帮助，帮助你处理客户期待过高的问题，同时也会帮助你为客户提供支持性的挑战和及时的帮助，推动工作向前发展。

我可以做客户的经理、评审员或鉴定员吗

这是一个处理利益冲突时可能遇到的问题，答案没有对错之分，但是伦理准则会影响你的决策。怎样做对客户益处最大、害处最小？怎样做是最公平公正的？怎样做才能使你恪守对客户做出的承诺？怎样做会造成阻碍？通常来讲，我们不建议你和客户之间涉及权力关系，比如管理或评估他们。但是有些客户因为敬佩他们的经理或评估人的正直，所以会主动选择他们做教练或导师。在某些工作情境中，教练辅导是管理或领导角色的一部分；而辅导有可能是客户同部门或同专业领域里的高级人员或更有经验的人提供的。如果是这样，那教练或导师有责任在初期就告知可能的利益冲突，并确保客户知情同意。

我能为可能会在社交场合遇到的客户提供教练或辅导吗

这个问题与边界有关。教练或辅导过程包括合适的时间安排，一个便于工作的地点，一种有利于形成可靠、保密的工作关系的氛围。这些边界条件都能为客户和教练或导师提供一种安全感。但一旦你踏出了这些精心设置的边界，就有可能出现接二连三的不确定和烦恼。在社交场合，你们之间不再是客户和教练或导师的关系，而是朋友、同事或熟人。有些人能快速在不同的角色和环境之间“切换”，而另一些人却做不到。永远不要因为你能做到就假设你的客户也能。如果你们双方都明白，在一起工作的过程中，你们有可能在社交场合遇到，一定要态度明确地解决这个问题。要讨论如果出现上述情况，你们各自希望怎样处理？如果和你的客户在社交场合相遇，你永远不要不设防。应牢记不伤害的职业准则，尤其是关于已经商定好的保密问题，这个责任在教练或辅导结束后的很长一段时间，甚至是一生都会持续下去。

督导和资格认证有多重要

如果做教练或导师是你的主要工作，那你很有必要进行督导和资格认证，这会使你和你的客户在伦理准则和专业性方面都受益。因为你将有机会定期对工作进行

反思，接受专业能力评估。我们建议你取得国家或国际教练或导师协会的会员资格，以有机会获取最新信息，形成工作资源网络，不断更新能力。即便做教练或导师只是你本职工作的一部分，你仍然能够从反思回顾的习惯中受益。根据你从事教练或辅导工作的程度范围，我们建议你接受定期的督导，这种督导可以来自同事，也可以来自同伴小组，抑或是来自有资质的督导或督导团队。如果提供教练或辅导只是你工作的一小部分，你可能并不需要获得资格认证，但是你会发现，时刻关注类似国际教练联合会（ICF）和欧洲辅导与教练委员会（EMCC）这种大型的教练和导师组织的网站信息是很有益处的，可以随时根据网站公布的最新职业标准和认证要求检查自己的实践工作。

第 12 章　教练与辅导文化的形成

在最后一章，我们将与大家分享在组织中发起教练和辅导项目的人的观点，听他们谈谈可能性和问题、成本和收益、高潮和低谷、阻力和回报。他们的经验之谈涉及内部和外部的教练和辅导。他们是：

- 阿什里奇管理学院领导力教练和研究员　温迪·布里纳（Wendy Briner）；
- 校长和校长顾问　大卫·哈里森（David Harrison）；
- 新思维有限公司董事、领导力绩效教练　马尔科姆·哈瑞尔（Malcolm Hurrell）；
- 副主任、领导和管理 LSN　肖恩·林肯（Shaun Lincoln）
- 泰恩河畔纽卡斯尔信托基金的顾问麻醉师、北方医学和牙科研究生院教务主任（1994—2010）　南希·雷德芬（Nancy Redfern）

温迪·布里纳描述了自己的研究结果，关于不同的组织文化是如何回应那些将教练技术作为领导力发展的一部分的领导者的；大卫·哈里森分享了他是如何在自己的学校里发展教练和辅导文化的，并且作为校长顾问，他与其他学校分享了最佳做法；马尔科姆·哈瑞尔描述了阿斯利康制药公司是如何在一个不断追求个人和组织学习的组织内，将教练和辅导技术发展成辅助的学习和发展方法的；肖恩·林肯分享了他在学习和技能方面的经验，提供了一个名为“教练型领导”的项目正在影响文化变革的证据；南希·雷德芬博士分享了一所大型市级医院的文化变革。在那里，咨询顾问们被培训为导师。他们彼此支持，逐步影响关键利益相关者，使他们认识到教练和辅导的必要性，并为在整个医院实施医生辅导计划提供资源。

培养文化：为何如此

教练和辅导技术越来越被看作强大的学习和发展工具。卡罗尔·加斯克尔（Carole Gaskell）介绍了在进行内部绩效评估时，使用积极的教练方法的经验：

> 教练技术可以对一个组织的文化、人员和根本目标产生巨大影响。当教练技术融入企业的结构中时，它的好处是有目共睹的。它可以加速人才发展、降低人才流失率，并创造一个高绩效的文化，使公司具备真正的竞争优势。

英国特许人事发展协会（CIPD）2006 年度的学习和发展调查指出：80% 使用教练技术的受访者声称他们的组织渴望发展教练文化；75% 的人报告说他们为实现这一目标投入了时间、资源和努力；93% 使用教练技术的人相信，教练文化对于他们组织的成功是“重要”或“非常重要”的，个人和企业业绩被列为发展这种文化的主要目标。到 2010 年的调查公布时，很显然，82% 的组织使用了教练技术，虽然只有三分之一的组织有评估制度。一个关键的发现是，46% 的受访企业认为，未来五年影响学习和人才管理的重大组织变革将是“教练、组织发展与绩效管理之间进一步的一体化，以推动组织变革”。

咨询公司 Blessingwhite 在 2009 年发布了一项名为“教练难题”的全球调查结果。研究发现：

> 很少有人能够成功地创造这样一种文化，即对员工进行教练是一种定期的、有充分支持的和有回报的管理实践。大多数领导者似乎都被卷入了一场有关优先权的拔河比赛——围绕教练技术良好的目标和一种矛盾的组织文化。

那么，导师辅导的文化又如何呢？我们的研究强调了在英国国家医疗服务体系（NHS）中实施辅导的两个问题：一是文化将接受辅导视为弱者的标志；二是缺乏资源，尤其是时间。然而，大环境正在发生变化。例如，已经有一个激动人心的计划，旨在创建一种教练和辅导的文化，不仅仅是在一个组织中，而是在伦敦的整个 NHS 卫生组织中。在他们题为《前五百名》（*The First Five Hundred*）的报告中，伦敦教练和辅导技术协会声称，他们的计划可能是英国最大的针对医生和牙医的国民医疗服务计划。从 2008 年到 2010 年，他们接待了 500 名客户。他们有一个全面的培训、督导和认证计划，并利用外部资源将临床医生和经理发展为教练和导师。他们的最终目标是实现内部提供培训和督导资源。他们吸取了别人的经验教训：“我们需要的不仅仅是少数分配来的、训练有素的导师，还有要从整体上转变为一种具有榜样、积极的建设性反馈和良好的员工管理原则的教练文化。”

在《前五百名》的报告中，有一个关于持续和嵌入服务的章节：

> 该服务面临的挑战是鼓励教练和辅导文化并把它们与伦敦的NHS融为一体。这种服务被倡议追求以下目标，包括：
>
> - 为来自同一NHS组织的高级员工团队提供教练和辅导技术培训；
> - 为包括人力资源部、医学教育部和执业护士在内的多个专业团体提供培训；
> - 与其他鼓励教练和辅导技术的组织（如皇家学院和医学院）建立伙伴关系；
> - 培训一些团队建设和团队教练方面的导师。

支持组织中教练和辅导技术发展的两个因素是：

- 一种开放、学习和发展的组织文化；
- 一种承认教练和辅导过程不仅需要外部资源，也需要内部资源，包括时间、培训、发展和奖励的组织文化。

一些组织鼓励把教练和辅导当作所有人学习和发展的一部分；还有一些组织将其嵌入日常的工作流程和活动中；有些人认为它只针对那些有问题的人；还有些人则把它视为对优秀人才的额外奖励……总之，越来越多的组织正在发展内部教练和导师，同时选择性地使用外部资源。

> 大卫·哈里森是一位校长，正在自己的学校里发展教练和辅导文化，同时他也接受委托给其他学校校长和高级职员提供外部支持。英国国家学校领导力学院制定了评估学校教练文化的标准。这些标准包括：
>
> - 有很好的教练实践模型；
> - 高层领导和员工欢迎并积极寻求反馈；
> - 人们能够进行建设性和积极的对峙；
> - 教练首先被视为机会而不是治疗干预；
> - 看重反思的时间；
> - 充分理解个人成长、团队发展和学校提升之间的关系。
>
> 大卫把教练和辅导技术看作他分配型领导理念的组成部分，鼓励员工把自

己当作学校的主人和学校成功的一分子：

- 每位员工都是其他人的教练和导师，尽管会有资深员工被指派为学校新入职的教师和员工提供辅导。
- 员工既是领导者也是学习者。领导力取决于专业知识而不是资历。所有教师都是学科带头人。他们在课程观摩、教案检查和评估审核中互相学习。他们的目标是确定良好的实践方法和发展领域。这需要技能和品质来给予和接受诚实的反馈，这些反馈对于教练和学员来说既是支持，又是挑战。
- 专业的工作关系建立在诚实、信任和尊重的基础之上。这种风气的形成需要时间。
- 鼓励所有员工与其他学校分享，并向其他学校学习。

大卫认为，阻碍教练和辅导文化发展的困难包括：时间限制；经验水平层次不同；教练或导师与客户的学习风格及性格特征很难匹配；教学角色和领导角色很难平衡；从错误和教训中学习的文化。

国家学校领导力学院指出，嵌入式教练文化的一个特点是学校和外部社区之间的联系。作为外部的校长顾问，大卫与其他学校分享好的实践方法，帮助他们确定发展领域。他发现好的实践方法是“倾听和分享”，而不是“建议和代劳”。他发现为了适应学校的结构和校风，各校都需要对好的方法进行调整。一个模型并不适合所有人。他的教练风格是维持一个支持性的氛围，其他人可以在需要时前来求助。他报告了领导和管理的结构和文化的变化可能产生的积极结果：

- 自我分析、评估和问责的文化正在形成。
- 高层领导人承担起相应责任。他们树立了信心，认为自己现在可以完成以前认为不可完成的任务。
- 高级管理团队能够熟练地记录和分析学校数据，并向员工传达事实。
- 中层领导得到培养，并对课程领域和团队负责。

什么是教练和辅导文化

克拉特巴克和麦金森把教练文化定义为这样一种文化："在这种文化中，运用教练技术是管理和共事的主要风格，促进组织的发展被嵌入到了促进组织内部人员的发展中"。我们把辅导文化也放入这个定义中。他们认为教练和辅导是学习和发展机会的补充。他们还提到了艾莉森·哈丁厄姆（Alison Hardingham），后者倡导的教练文化强调团队，而不仅仅是个人。

艾莉森强调跨公司团队、根据特定目的轮流领导团队，以及开放、信任和尊重的氛围。她还强调了在组织生活的各个方面频繁设定目标的重要性。克拉特巴克和麦金森列出了六个他们认为具有教练文化的领域，麦金森等人为辅导文化也做了同样的事情（详见表12–1）。

表 12–1　　**教练和辅导文化的特性**

教练文化	辅导文化
• 教练技术与业务驱动相关 • 客户是被支持和鼓励的 • 提供教练培训 • 认可并购买教练服务 • 系统视角 • 有关教练的行为都在管理之下	• 与业务问题的联系明确，结果可量化 • 文化变革过程的一部分 • 员工作为客户和导师参与高级管理 • 与既有的长期人才管理模式相联结 • 客户有控制权 • 个人发展和方案制定都很宽松 • 框架清晰，会进行故事性宣传 • 项目设计专注于业务问题和改变议程

马尔科姆·哈瑞尔在阿斯利康制药公司谈到了教练和辅导文化，与表12–1所示的一些文化因素有联系。

提高公司所有人的绩效是一项战略重点，由高管团队管理并提供赞助支持。长期以来，组织内部一直支持教练和辅导技术，两者看似在方法和参与人员责任分配上截然不同，但实际上却高度互补。

教练是部门经理或项目经理为提高员工现有的绩效和发展而实施的过程。

教练过程试图通过增强意识和责任心来培养能力，有时应用于技术领域内的技能迁移模型，有时应用于管理领域——根据来自赞助部门的质疑进行。

辅导关系由一个人和另一个对问题有更丰富经验的人组成，后者能够为前者提供组织范围内的见解和背景，并更加关注整体和长期的发展。我们建议由部门或职能关系之外的人来实施辅导，这通常与人们未来的能力或在新环境中（如在国际范围内做业务）开始新的、有挑战性的职位有关。简而言之，组织寻求使用教练过程来构建角色能力；而辅导过程通过促进反思性学习，来增强员工的意识、理解和智慧，进而放大他们的格局。如果一家公司想要成为不断革新的学习型组织，那这两个过程都是必不可少的。

阿斯利康制药公司视教练过程为核心过程，并希望所有人都能使用；而辅导过程则被看作自愿进行的，无论对被辅导者还是导师来说都是如此。作为一个学习型组织，辅导的技能被视为整个组织内部经验丰富、高绩效专业人士的关键能力。辅导过程提供了让人们互相学习的机会，对辅导双方、组织和团队绩效来说都好处多多。

如何培养辅导文化

前面的例子说明了教练和辅导技术是如何作为企业战略的结果而发展的，企业战略的目的是通过不断开发员工的才能和优势来优化组织的绩效。然而，文化变革可以自下而上也可以自上而下地进行，它可以通过员工的主动性来发展。下一个例子有力地说明了志愿导师是如何改变了一家大型城市急症医院的医疗文化的。

南希·雷德芬博士描述了一个由员工驱动的辅导项目，它说明了培养辅导文化需要时间。

泰恩河畔纽卡斯尔医院是一家大型国民保健服务急症医院，为纽卡斯尔的居民提供医疗服务，为东北部及周边的居民提供三级转诊。该医院雇用了 700 名咨询师，其中很多是纽卡斯尔医学院和牙科学校的学者。

国民保健服务的咨询师工作责任重大——既要满足消息灵通的公众日益增长的期望，又要达到国民保健服务中心所期望的目标和工作量，任务相当艰巨。这种压力对一些初级员工来说更大，因为他们还没有一个固定的咨询师职位的保障。我们意识到，许多学员把他们的咨询师当作榜样，认为我们的实际能力应该高于我们的岗位要求。因此，当有机会参加导师发展计划时，我们几个人都想抓住机会。课程获得了巨大成功，我们花了六天时间（每个月一天）来学习辅导技术，并使用熟练助手模型来指导讨论。我们花了很多时间在一起工作，以我们在工作中面临的挑战和机遇为材料，这使我们深刻意识到了辅导技术的价值和意义。我们参加课程的原本目的是想学习如何为学员提供辅导，但课程结束时，很多人觉得，或许将此项技能运用于辅导同事会更好。

我们希望下一步在基金会内部制订一个辅导计划，为所有咨询师提供辅导。对辅导的需求是很强烈的，但我们的辅导技能却无法满足要求。因此我们放弃了，选择在自己中间使用我们的技能，同时不断积累经验。

我们意识到辅导技术在这个变革的时代非常有用，并认为我们的第一个重点应该是为新任命的咨询师制订辅导计划。其目的是为顾问们提供一个与工作领域以外的人进行秘密对话的机会，以帮助他们适应咨询师角色，最有效地管理他们的工作，发挥他们的全部潜能。从长远来看，我们希望接受过培训的导师和被辅导者的数量不断增加会有助于创建一种学习文化。在这种文化氛围下，人们会花时间对自己的实践进行质疑，不懂就问将成为常态，给予和接受同事支持会被看作实力的象征。

获得的成就

每位新任咨询师都有机会获得导师辅导。导师会给他们介绍计划，并描述其他人是如何使用导师制度的。

咨询师入门培训项目都会对辅导技术进行介绍，一些有经验的导师会解释导师们是如何对自己使用这个计划的，并列举一些常见话题，包括影响力、处理困难局面、与同事合作、团队建设、变更管理，组织和工作优先顺序或工作与生活的平衡。

随着辅导计划日臻成熟，基金会给那些面临专业难题或深陷困境的医生提供了一位导师，这样我们便获得了一些专业知识来支持困境中的同事。辅导技术就是要帮助人们在实践中做出改变，并发展他们的技能来防止进一步的困难，同时避免他们感到孤独和无助。

咨询师导师的数量在逐渐增加，现在基金会中已有10%的咨询师被培训成了导师。现在的导师还包括护士、助产士、药剂师、大学学者和管理人员。

一些反思

从本质上讲，相对于自己的专业和个人发展，医生和 NHS 的高管们通常都会优先考虑病人的护理。他们都接受过职业价值观和基于个人职责的培训，传统的做法是“应对问题”，而不是寻求帮助。对于那些没有迫切问题需要讨论的人，面对繁忙的临床工作，他们可能不愿意优先考虑寻求导师辅导。

所以，要实施一个计划是需要时间的。那些参加过辅导或被培训为导师的人对他们的收获所做的非正式反馈，似乎会是最有效的宣传。

早些年，一些高级咨询师表示：“辅导是为那些需要帮助的弱者提供的，而不是他们乐于寻求的。”这种观点已经随着人员的改变而消亡，在当下的文化氛围下，这样的观点已很少听到。然而，对一些人来说，还是总感觉寻求帮助会被人当作弱者。

如何培养教练文化

上面的例子说明，文化的改变是通过数年来培训大量志愿导师来实现的。在下面的例子中，我们可以看到，变革的驱动力需要一种新型的领导力发展来提高绩效、达成结果。组织领导人要积极投入其中，才能带来这种文化变革。

肖恩·林肯提出了“教练型领导”项目，并与大曼彻斯特警察局的领导力与发展主任肖恩·米莱乌斯尼奇（Sean Mileusnic）合作。他们解释了他们将如何合作，以及教练文化将如何发展。

为了满足日益提高的业绩目标，使人们发展并发挥潜能，组织内对领导力的要求越来越高。因此，大曼彻斯特警察局决定进行一次围绕领导力的积极的文化变革。这将会影响每一个人，而不仅仅是那些在管理岗位上的人。

这次变革形成了一套新的领导力标准来管理员工的期望，同时还推出了教练、辅导和伙伴计划，以及针对高潜力员工的领导力课程。

“教练型领导”项目中的每个人可以同时教练三个人。其理念是带来一种根本性的文化变革，即教练技术最终将成为组织精神的一部分，从而使所有警官——实际上是所有警务人员——都能对自己的领导能力有信心。

已经有一些员工表示，感觉自己更有能力、更有信心、更能掌控自己的发展。“在理想情况下，我们想让整个组织都拥有经过专业化培训的教练，但这在资源上是不可能的，”肖恩·米莱乌斯尼奇承认，“事实上，这是我们最早得到的一个教训：不要对我们所做的事抱有不切实际的想法。不是每个人都能成为教练或受训者，但我们希望他们能间接地从教练文化中受益。”肖恩·林肯认为，该项目之所以能取得良好效果，很大程度上是因为大曼彻斯特警察局的领导力教练不全是部门经理。有时教练不是部门经理反而更好，因为这样一来，人们就可以向他们的教练敞开心扉，而他们也许无法对部门经理这么做。在大曼彻斯特警察局，甚至存在越级进行教练的情况。“和许多其他组织一样，大曼彻斯特警察局的等级也是相当分明的，然而你可以让人去教练比他级别高的人。”肖恩说道。这种做法的伟大之处在于，要创造一种真正的教练文化，你需要让教练从四个方面发挥作用：互相教练和教练自己，教练上级和下级。

推动和阻碍教练和辅导文化的因素

为什么尽管人们对教练和辅导技术的态度如此积极，却无法形成教练或辅导文化？英国特许人事发展协会通过调查，发现了以下几个原因：

> 商业竞争压力是教练文化发展的主要障碍。其次是一些更常见的问题，包括缺乏专业知识、缺少投资及高级管理人员关注度不高。

哪里的高级管理人员致力于整个组织领导力的发展，哪里就有可能形成教练和辅导文化。

> 温迪·布里纳对阿什里奇管理学院领导力发展过程项目的参与者进行了研究，作为项目的一部分，这些参与者正在接受教练。她发现，教练技术在领导力发展方面至关重要，但在不同的领导文化中，参与者在工作中的行为变化的可持续性是不同的。
>
> 阿什里奇管理学院领导力发展过程项目之所以如此命名，是因为发展需要六个多月的时间。教练技术被整合到这个过程中，从研讨会之前的电话交谈开始，到研讨会期间的两次会面，一直到之后的六个月里的两次会面。
>
> 我们建立了一个教练发展网络，旨在使参与者理解研讨会上提出的自我意

识、观点和愿望的真正内涵，从而在实践中提高他们的领导能力。

我们使用的教练方法以解决方案为中心，辅以欣赏式提问。教练重视并信任客户的能力。他们鼓励客户识别并详细描述自身的优势和现状；他们邀请客户考虑他们是谁，他们拥有什么，以及他们想要什么；他们的目标是帮助客户专注于当前环境下能做的和想做的事情。

领导者在他们的发展过程中最看重什么

这些领导者说，在自己的发展实践中，有四个互动综合学习过程对他们的影响最大（如图 12–1 所示）。

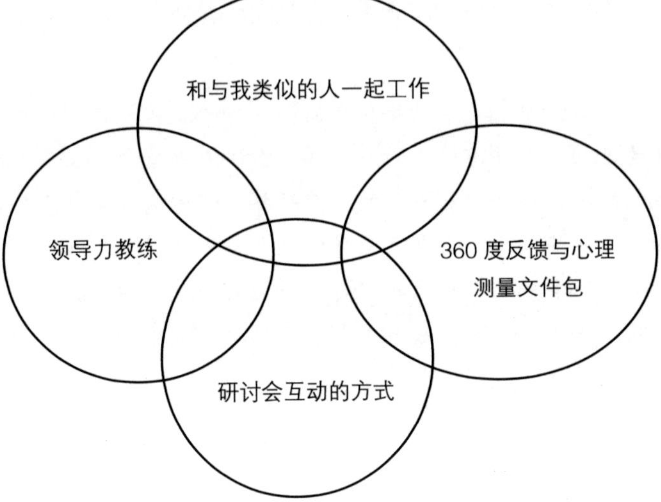

图 12–1　四个互动综合学习过程

发展是一个社会化和实践的过程，因此，讨论、反思和尝试其他做法，同时关注更好的未来，可以产生实实在在的收益。领导力教练是其中的一个过程，领导者们重视其独特的贡献。

领导者们说他们重视教练技术是因为：

- 教练过程是一对一的、保密的，是一段远离繁杂的日常工作的时间。他们可以暂停工作，到外面去反思正在做的事情，以及这些事情产生的影响。
- 教练是一位专业的倾听者，总是能提出发人深省的问题，并善于总结和引导讨论。教练对你感兴趣，但并不偏袒你，也不涉及你生活的其他方面。

- 它能够提供一个焦点，让你明晰自己的事项安排，并找到有效的解决方案。
- 它能够肯定你，帮你发挥聪明才干，做出更有效的贡献。

文化可以帮助或阻碍教练技术的应用与发展

我们比较了四个组织对教练技术的影响，当组织文化被视为看重“关系型领导方式”时，教练技术被认为是有用且兼容的。所谓关系型领导方式，是指以一种参与的方式与人们共事，如召开参与性会议或利用息工日交换意见，以达成目标。在这些组织中，改变是与文化相一致的，所以更为大家认可、重视和保持。

在一种“达成目标是基于结构化的、连贯的流程”的领导文化中，教练技术会被认为是相关但并不持久的。同样，在强调职业自主性而不是团队合作的文化中，教练技术对个人是有用的，但对整体文化氛围却没什么影响。在这样的文化中，个人的领导风格会因为教练技术而有所改变，但其他同事对其相关性却不十分认可。他们可能会想“难道她或他不应该更严厉吗？”或“这种更具参与性的方法可能适用于现在的问题，但以后还能奏效吗？”

关于领导力发展的反思

- 教练技术为领导者把良好愿望在复杂的背景下付诸实践搭建了一座桥梁。花时间接受个性化定制的教练，就会意识到这看似简单的一步对于带来显著的积极发展和影响是多么必要。
- 许多开发人员低估了教练技术对个人和组织的影响。他们把研讨会、内容和练习当作促进发展的最重要的方式。但领导们的反馈表明：研讨会和小组会议在他们的发展中起着确定方向、激励和支持的作用，但领导力教练更有价值，它是领导力发展过程的关键要素。

肖恩·林肯为继续教育学院和警察机构开发教练项目。他发现了组织文化中的一些有益的和无益的因素。

什么会有帮助

- 就文化变革的必要性达成一致，并得到高层管理人员的积极支持。
- 高层管理人员理解什么是教练技术以及它能带来哪些好处。
- 高层管理团队致力于实现这一目标，并接受培训成为教练，从而亲身参与他们想看到的变革。
- 组织为教练活动提供时间和空间。
- 外部检查的结果，或为提高绩效而做的外部驱动的反馈，都会使文化变革成为必然需求。
- 通过调查获得的、被教练对象自己提出的对教练的潜在需求。
- 经过初期的教练小组辅导后，有报告说效果显著，而如果能帮助企业达到绩效目标（说明投资产生了回报），那就更好了。
- 如果初期培训效果很好，产生了很大的影响，并且这些管理者随后会为他们非直线管理的人员提供正式的四到六个月的教练辅导，尽管他们的长期目标是教练自己的团队。这些情况都说明我们创建教练文化的工作非常成功。
- 不采取赤字的教练方式，为此我们使用聚焦解决方案的培训模式。这建立在管理者已经有什么资源的基础上，而不是“卯吃寅粮”。

什么会起阻碍作用

- 缺乏上述所有条件。
- 使用外部教练的成本。
- 教练被视为强加的，很少有人认同或达成共识。
- 高层管理团队对教练技术缺乏理解。
- 如果没有事先协商，那学员们会对教练缺乏认同，他们会认为教练是一种矫正手段，从而担心“如果你正在接受教练，那你肯定有问题”。
- 培训后，仅仅依靠管理者在自己的团队中非正式地使用这些新技能，而不是通过正式地给非直线管理的员工进行教练，来发展他们的信心和专业知识。
- 缺乏资源。

会带来哪些变化

本节将展示一些实例，说明在教练和辅导文化得到发展的组织内可观察到的一些变化。

肖恩·林肯引用了继续教育学院领导者的话来说明“教练型领导”项目的一些成果。

下面的例子特别关注我们如何与组织合作发展教练型领导风格或教练文化。该项目有两种使用方式。

- 管理者–教练版本：帮助组织中的管理人员与他们管理的员工之间形成非正式的教练型领导风格。
- 内部教练版本：发展个人形成正式的教练团队，可以向非直线管理的同事提供教练。

通过“教练型领导”项目创建教练文化的一个关键方面是教练之间的团队建设以及教练和被教练者之间的团队建设。波士顿学院校长说道：“我们实施了这一项目，以便高层管理人员可以向中层管理人员提供教练支持。这在自我意识和团队意识方面被证明是非常强大的，效果令人惊叹，反响很大。即使是经验丰富的经理也收获良多，并将其应用到了他们的团队中。我们已经看到整体的积极发展和影响。教练技术就像催化剂，可以激发质的变化。在团队意识方面尤其有趣。管理人员也在借机了解自己，并意识到自己在团队中所扮演的角色——事实上也可能是问题的一部分，而在此之前，他们总是试图从外部找原因。”

另一个结果是，一些高层管理团队现在会在会议中使用教练技术，甚至有些人会围绕这些技术组织会议。以解决方案为焦点的方法导致了文化的变革、更大范围地分担问题，以及聚焦于可行的方法和寻找解决方案。

伦敦东北学院校长兼首席执行官说道：“我所说的主要影响是，首先，它在如何管理员工方面，对管理行为有影响；其次，它改变了组织中与问题相关的对话语言。随着文化的变革，人们逐渐认识到，他们不仅要提出问题，而且还要提出解决方案。这并不意味着所确定的解决方案是‘温和’的，它们常常能够解决一些非常困难的问题，而这些问题往往需要有效使用绩效管理工具——如能力和纪律才能解决。中层管理者在使用积极的、以问题解决为导向的方法方面面临更大的挑战。而对于高层管理团队来说，这些一直都是积极的挑战。”

另一个不同之处在于，当能够培养一批内部教练时，教练技术往往是最成功的。因为这样员工能够与教练讨论他们不太可能与部门经理讨论的工作方面或问题，进而以一种组织可以接受的方式从外部教练那里获得许多好处。这也增加了组织学习被保留和贯彻执行的可能性。解决这个问题的关键是使用非指导性的教练方法，就像第四部分中的例子一样。

马尔科姆·哈瑞尔分享了一些阿斯利康制药公司采取的措施的经验，在那里，GROW 模型被应用于所有核心人员的内部教练。

目标

教练让员工参与确定最重要的目标——我们要在长期的绩效 / 发展上实现什么样的改变。

现实

教练通过让员工讲述目前正在发生的事情，帮助他们加深意识，并从不断增强的意识中发现潜在的新选项。教练帮助员工理解问题、挑战观念和误解，帮助他们分解任务，并关注将对绩效有最大影响的方面。

选择

教练帮助员工明白什么是好的表现，并探索不同的方法来实现这一点。这是一个分享个人经验和见解、明确将要达成的成果的机会。最后，教练指导员工明确要着手的工作。

意愿

教练帮助员工朝着目标前进，并通过制订计划来实现预期的绩效。一旦决定，这就形成了详细的行动计划以及商定好的监测和评估进展的方法。

一位高级财务主管这样谈到自己从一个教练计划中收获的成果：“我在提问题时变得更加缜密、犀利，更有技巧，也更灵活。我发现我的团队及其学习方法也正在发生很大的变化，我们把教练技术嵌入进绩效管理目标中，我的下属的表现正在不断改善，围绕能力和学习我们有了共同语言。现在，我开始担任高管教练，作为持续的补充学习。”

教练干预在AZ信息系统中使用了三个组织应该关注的关键语句：

- 它的激情所在；
- 它最擅长什么；
- 它能创造什么价值。

该项目引入了教练技术，其基础是在个人层面应用这些关键语句：

- 使用盖洛普公司设计的“现在，发现你的优势”的方式为个人提供教练，这一方法提供了关于你的“天赋”的洞见，你将因此充满激情，并将“天赋”转化为优势。
- 通过360度反馈，为个人提供教练，帮助员工了解自己在别人眼中的强项。
- 要求个人向小组展示“他们已经创造的价值”。

外部教练先与几组领导者一起工作三天以上，然后展开一对一的外部教练会面，九个月后重组领导小组，继续为期两天的会面。那这些对个人和业务有什么影响呢？

从业务角度看，77%的部门经理表示，他们看到了领导力贡献的改善。从个人角度看，“现在发现你的优势”的原则和结果带来了一些重大的变化——从在工作中采取的方法，到在角色转换中的决定。有时是非常彻底的转变——一些领导者离开了组织，另一些人申请并得到了更高的职位。

我们也从中得到了两个重要的教训。首先，下面这句话虽然简单但很有力量：我们应该“把我们的天赋发展成优势”，而不总是“关注我们的弱点，想成为全面发展的人”。这个说法为个人发展和发展的方法带来了新的生机。其次，由于深入的个人教练可能会带来人员流动，组织需要为内部的人员流动和某些时候的人员调整做好准备。

你如何评估你的组织

如果在工作中进行的教练和辅导是富有成效的，那组织文化将鼓励、维持、支持和奖励那些领导和管理这些学习和发展形式的人。克拉特巴克和麦金森确定了这个过程的四个发展阶段：

- 初期阶段，没有足够的证据保证；
- 战术阶段，组织认识到需求，但不了解什么是必要的；
- 战略阶段，管理人员把教练员工当作日常工作的一部分，并因此得到回报；
- 融入阶段，教练和辅导是学习和发展的有机组成部分，各级人员参与其中——或给别人提供教练或辅导，或接受别人的教练或辅导。

以下问题是根据本章所述的案例提出的。它们反映了在发展教练或辅导文化时的一些意义重大的因素，可能有助于你反思组织中教练和辅导文化的发展。问题涉及的主题包括：教练技术与辅导技术之间的关系；发展学习、评估和成就型文化；个人发展与组织绩效之间的联系；教练技术和辅导技术对组织领导和人才管理的影响；团队合作；提供资源并嵌入教练和辅导。这些主题阐明了价值观、结构、系统和过程以何种方式对组织文化做出贡献。

你将如何评估组织的教练和辅导文化？

1. 绩效和发展是战略重点吗？
2. 你的组织有没有将个人发展与业务绩效联系起来？
3. 高层管理人员是否积极支持个人发展？他们是怎么做的？
4. 哪些系统、流程或过程会支持个人发展？它们的运作情况如何？
5. 教练和辅导是否被视为学习与发展？如果不是，它们被看作什么？
6. 整个组织是否鼓励教练和辅导？如果是，是以什么方式进行的？
7. 高层管理人员是否会谈及自己聘用的教练和导师？
8. 领导和管理人员教练和辅导员工吗？
9. 你如何描述你们公司的领导风格？它如何与教练和辅导的价值观相匹配？
10. 哪些方面的团队合作和参与会受到鼓励和奖励？
11. 组织中是否流行“责备”文化？
12. 在组织中流行“一切都是学习机会”的文化吗？
13. 是否有任何形式的学习——例如行动学习和在线学习——支持教练和辅导？
14. 教练和辅导是否分等级：是上级对下级，还是下级对上级，抑或是同级进行？
15. 管理人员是否把教练和辅导技术融入他们的工作中了？是怎么做的？
16. 有哪些资源可以用于支持培训及教练和导师的工作？
17. 你可以使用内部和外部的教练和辅导吗？

18. 作为人才管理和潜力开发的一部分，教练和辅导技术是如何被运用的？
19. 教练和辅导的结果如何报告？
20. 完成这份问卷后，你打算向组织提的主要建议是什么？

总结

在本章中，我们：

- 指出了为了使教练和辅导技术更有效，必须把它们融入整个组织的学习和文化发展中；
- 报告了在公共和私营部门组织中从事教练或辅导工作的五名贡献者的经验；
- 明确了教练和辅导文化的关键特征，并强调了在工作中促进和阻碍教练和辅导技术发展的主要因素；
- 以基于参与者经验的自我评估问卷结束，帮助你明确组织中的教练和辅导文化。

Coaching and Mentoring at Work: Developing Effective Practice second Edition

ISBN:978-0-33-524385-3

北京市版权局著作权合同登记号：01-2017-0424

北京阅想时代文化发展有限责任公司为中国人民大学出版社有限公司下属的商业新知事业部，致力于经管类优秀出版物（外版书为主）的策划及出版，主要涉及经济管理、金融、投资理财、心理学、成功励志、生活等出版领域，下设“阅想·商业”“阅想·财富”“阅想·新知”“阅想·心理”“阅想·生活”以及“阅想·人文”等多条产品线。致力于为国内商业人士提供涵盖先进、前沿的管理理念和思想的专业类图书和趋势类图书，同时也为满足商业人士的内心诉求，打造一系列提倡心理和生活健康的心理学图书和生活管理类图书。

《高绩效团队教练（第 2 版）》

- 本书提出的系统性团队教练体系，涵盖团队教练流程、团队分析方法、不同类型团队的教练方法、培养高绩效团队的步骤，以及团队教练督导等内容，为大家学习和实践团队教练提供了一个完整的框架。
- 这不仅填补了国内教练领域极其重要的一项空白，也为众多团队领导、HR 从业者和教练们在团队支持和干预过程中，提供了大量的实用工具和更多维度的思考和觉察。

《高绩效团队教练（实战篇）》

- 本书是教练大师彼得·霍金斯所著《高绩效团队教练（第 2 版）》的配套案例集。
- 霍金斯教练团队通过涉及诸多领域、成体系的团队教练案例分析为团队教练如何挖掘团队每个人的潜能，帮助他们发展壮大，并让他们在相互合作和彼此支持中成长为最好的自己提供了实战指导。

《职业规划心理咨询全案》

- 中国心理学界泰斗级大师、北京师范大学教授、博士生导师张厚粲先生倾情推荐。
- 一本解决职业发展与规划、职业困惑与选择等问题，进行就业辅导与咨询的权威著作，是职业咨询师必备的案头指导书。

《逆商：我们该如何应对坏事件》

- 北大徐凯文博士作序推荐，樊登老师倾情解读，武志红等多位心理学大咖在其论著中屡屡提及。逆商理论纳入哈佛商学院、麻省理工 MBA 课程。
- 众多世界 500 强企业关注员工“耐挫力”培养，本书成为提升员工抗压内训首选。

《优雅的辩论：关于 15 个社会热点问题的激辩》

- 辩论的真谛不在于辨明是非曲直，而在于缓和言论，避免曲解。
- 辩论的最高境界不在于输赢高低，而在于发人深省，以开放的心态达成妥协。

《原生家庭：影响人一生的心理动力》

- 全面解析原生家庭的种种问题及其背后的成因，帮助读者学到更多“与自己和解”的智慧。
- 让我们自己和下一代能够拥有一个更加完美幸福的人生。
- 清华大学学生心理发展指导中心副主任刘丹、中国心理卫生协会家庭治疗学组组长陈向一、中国心理卫生协会精神分析专业委员会副主任委员曾奇峰、上海市精神卫生中心临床心理科主任医师陈珏联袂推荐。

《思辨与立场：生活中无处不在的批判性思维工具》

- 风靡全美的思维方法、国际公认的批判性思维权威大师的扛鼎之作。
- 带给你对人类思维最深刻的洞察和最佳思考。

《最后一英里：影响和改变人类决策的行为洞察力》

- 行为洞察力的提出者、世界知名行为科学家的经典力作。
- 用行为科学思维解决决定成败的“最后一英里”问题。
- 通过行为助推设计帮助人们做出最佳决策。

《为什么我们会上瘾：操纵人类大脑成瘾的元凶》

- 一本关于诱惑、异乎寻常的快乐，以及头脑中那个虚幻又真实的世界的书。
- 所谓成瘾，不关乎道德，而是大脑在作祟。
- 世界知名神经科学家、艾迪终身成就奖获得者用科学为你解开成瘾之谜。